高中英语教学中文化意识的培养

黄婷婷　著

上海交通大学出版社
SHANGHAI JIAO TONG UNIVERSITY PRESS

内容提要

本书深入探讨新课标下高中英语教学中文化意识培养的有效途径,强调以学生为中心,激发文化意识,提升跨文化能力。本书通过文献法、案例研究法和课堂观察法,基于输入假说和建构主义理论,提出涵盖文化激活、多元文化输入、跨文化内化和输出在内的教学模型。该教学模型已应用于教学实践,并形成一系列校本化课程案例,旨在促进学生从认知到交际能力的全面发展。本书可为高中英语教学提供新的视角和实践指导,适合中学英语教师阅读,对从事基础教育研究的人员也有较高参考价值。

图书在版编目(CIP)数据

高中英语教学中文化意识的培养/黄婷婷著.
上海:上海交通大学出版社,2025.3.—ISBN 978 - 7 - 313 -
32375 - 0

Ⅰ.G633.412

中国国家版本馆 CIP 数据核字第 202511GR51 号

高中英语教学中文化意识的培养
GAOZHONGYINGYU JIAOXUEZHONG WENHUAYISHI DE PEIYANG

著　　者:黄婷婷
出版发行:上海交通大学出版社　　　　　　　地　　址:上海市番禺路 951 号
邮政编码:200030　　　　　　　　　　　　　电　　话:021 - 64071208
印　　制:上海新艺印刷有限公司　　　　　　经　　销:全国新华书店
开　　本:710mm×1000mm　1/16　　　　　　印　　张:12.75
字　　数:206 千字
版　　次:2025 年 3 月第 1 版　　　　　　　　印　　次:2025 年 3 月第 1 次印刷
书　　号:ISBN 978 - 7 - 313 - 32375 - 0
定　　价:68.00 元

　　我是在高中新课标、新教材推进初期,上海市教学资源建设项目启动的时候,在上海市浦东教育发展研究院沈冬梅老师的推介下认识黄婷婷老师的。后来在不同的专题研讨会、课堂教学展示活动、教学调研等场合与黄老师一起探讨了技术赋能的英语教学、文化研修的校本教研、单元教学设计与实施、高三专题复习课等内容,黄老师的教学设计、主题发言、课题研究思想都给了我触动和启发。2025年正月初十,在新春的问候中我收到了黄老师的书稿,神采奕奕的黄老师将长期的积累和理性的思考付诸纸上。

　　语言能力、文化意识、思维品质和学习能力是英语学科核心素养的四个维度,黄老师敏锐捕捉到新课标背景下高中英语教学中文化意识培养的价值和意义。英语作为世界沟通与文化交流的关键桥梁之一,其教育目标已从基础技能传授走向培养兼具全球视野与跨文化交际能力的人才。本书以"发现问题—提出问题—解决问题"为叙事思路,围绕新课标、新教材背景下高中英语教学中的文化意识培养展开系统性研究。

　　作为实践者,黄老师在本书概述部分基于新时代培养国际化人才的时代趋势、发展学生核心素养的内在要求,以及高中英语课程改革的现实需求,确立了研究问题、研究意义与实践价值,明确了当前研究的进展与不足,找到了研究的突破点,为研究和实践奠定了坚实的基础。

　　作为学习者,黄老师在理论部分从多维度寻找理论支撑,引入输入假说、建构主义学习等前沿理论,设计文化激活、"i+1"多元文化输入、跨文化内化及输出四大环节,铺就文化意识培养扎实的实践之路。

　　作为有担当的教师,黄老师在实践案例解析部分,立足师生双视角,着力打造层层递进的高效课堂;针对教师的课堂教学设计,提炼出注意、比较、反思、互动、评价五个文化学习关键节点,引导注意、点燃兴趣,引发比较、认同差异,鼓励反思、孕育见解,设计互动、促进交往,评价赋能、提升能力。

　　本书能激发我们一线教学实践者深入思考、努力探索英语教学中文化意识培养的内容、过程、方法、策略等，培育学生能够在多元文化的世界中更加自信地展现自我，与他人有效沟通。

文化学习需与语言学习活动融合。在文化学习活动中，学生依托不同类型的语篇，在分析问题和解决问题的过程中，促进自身语言知识学习、语言技能发展、文化内涵理解、多元思维发展、价值取向判断和学习策略运用。这一过程既是语言知识与语言技能整合发展的过程，也是文化意识不断增强、思维品质不断提升、学习能力不断提高的过程。

文化学习需与思维品质培养融合。文化学习不仅需要知识的积累，还需要深入理解其精神内涵，并将优秀文化进一步内化为个人的意识和品行。文化意识的发展是一个内化于心、外化于行的过程，涉及感知中外文化知识、认同优秀文化、加深文化理解、形成文明素养等步骤。学生文化意识与文明素养的形成不能仅仅依赖于文本知识的灌输，更需要经历思考的过程来整合与内化知识，最终转化为文化意识与行为。

文化学习需与其他学科学习融合。文化知识是指中外优秀人文和科学知识，既包含物质文明知识，也包含精神文明知识，是学生形成跨文化意识、涵养人文和科学精神、坚定文化自信的知识源泉。多学科教学融合将有助于学生加深对相关文化知识的理解，促进跨文化意识的形成与发展。

语言作为文化的一部分，是文化的载体与传播工具。一个民族的语言蕴含着该民族特有的传统文化、思维方式、民族风情、价值取向、社会观念等，因此文化知识的学习离不开语言实践活动的开展，教师要把握时机，让学生在听、说、读、看、写等语言学习过程中实现文化知识的获取与理解。感谢上海市进才中学，感谢黄婷婷老师，为我们呈现了高中学生在英语学科中文化意识培养的课程设计和教学案例，以及为课程和教学实施做出的卓有成效的研究，期待本书能够激发教育思考，落地课堂实践，推动学生英语提升与跨文化交流进阶。

汤　青[*]

2025 年 2 月 8 日

---

[*] 汤青：上海市教师教育学院（上海市教育委员会教学研究室）中学教师部主任、英语学科教研员、正高级教师、特级教师。

　　2011 年金秋,我初遇黄婷婷老师,陪伴她备战上海市新教材青年教师大奖赛。初入职场三年的她朝气蓬勃,对教学满怀赤诚,忽闪忽闪的大眼睛蕴藏着令人惊喜的新奇设想,潜心实践、推敲打磨,沉淀出充满智慧的教学设计。

　　十余年间,我陪伴和见证了婷婷老师的成长:从上海市新教材青年教师大奖赛、上海市中青年教学大奖赛、上海市爱岗敬业教学比赛、全国基础教育精品课到上海市空中课堂 1.0 和 3.0,还有大大小小的专题研讨、学术论坛、公开教学,她总是迎难而上,不畏挑战,探索教学的更多可能。这份拼搏与执着,让她在一次次磨砺中不断突破、斩获佳绩,教学也日渐成熟。

　　2020 年,上海市高中英语启用新教材,婷婷老师当时执教高一年级。面对全新的教学内容与要求,她带领备课组深入研究新课标,悉心研读新教材。针对教材中全新的"文化聚焦"板块,她敏锐捕捉到实施中可能存在的困难,成功申报并主持区级课题《"双新"背景下高中英语"文化聚焦"模块教学实践研究》,以探索者之姿,带领团队在实践中不断尝试、反思与优化,探索有效开展"文化聚焦"板块的教学路径与策略。她的行动,不仅展现了青年教师的责任与担当,更体现了她对教育创新的执着追求。

　　十余年间,在与婷婷老师无数次关于教学的交谈或研讨中,我们触及最多的话题是语言和文化。英语作为国际通用语言,其重要性早已超越单纯的沟通工具范畴,成为促进多元文化交流与融合的关键桥梁。英语教学的目标也在持续迭代升级,从传统的单纯语言知识灌输,逐步转向对学生核心素养的全方位培育。这一深刻转变,不仅彰显了教育的本质追求,更紧密契合了新时代对复合型、国际化人才的迫切需求。

　　在全球化浪潮汹涌澎湃且人工智能技术飞速发展的当下,人工智能不断拓展人们获取信息和交流的边界。虽然人工智能能够辅助语言的翻译与信息的传递,但它能完全理解人类对文化内涵的深度理解与情感共鸣吗? 带着这样的疑问,婷婷老师静下心来,迎接新一轮挑战。她反思并梳理多年的教学实践与研究,将其思考融入本书的内容创作中。

本书聚焦英语学科核心素养中的"文化意识",深入剖析如何在高中英语教学中有效融入文化意识培养。开篇即对"文化""文化意识"及"文化意识培养"等核心概念进行界定,从历史维度解读"文化"中"人化"与"化人"的辩证统一关系,依据丰富文献,梳理出文化意识是个体对文化环境的认知、理解与反思过程,明确文化意识培养不仅是知识的传递,更是思维模式的重塑。在此基础上,本书兼顾文化的传承延续、多元文化的共生共荣以及中华民族现代文明的历史脉络,构建起全面且系统的文化意识培养框架。

在理论建构方面,本书依托输入假说理论,建构主义学习理论,以及语言文化发展模型,结合学生认知发展规律,创新性地提出文化意识培养的 NCRI-E 模型。该模型为教师在教学实践中扮演指导者与促进者角色提供了理论支撑,从激活文化感知,历经文化理解、反思,最终实现跨文化实践与应用,达成文化意识的内化与提升。

为将理论转化为切实可行的教学策略,本书在剖析 NCRI-E 模型中的每一个环节时都运用了大量真实课堂教学片段,全面呈现文化意识培养在不同课时中的实践探究。在备课过程中,教师可以文化视角为经纬,剖析语篇的结构与语言特征;在教学过程中,每一环节合理、适度融入文化元素,使语言的学习超越词句的表层理解,触及文化的肌理与思想的共鸣;在课后反思环节,本书展示了教学设计的迭代过程,帮助读者认识到教学是一个不断反思、调整和优化的动态过程,强调在实践中持续改进的能力。

感谢婷婷老师的实践与思考,为高中英语教学中文化意识的培养提供有益借鉴,助力教师在日常教学中巧妙融入文化元素,实现学生语言能力与跨文化素养的协同发展。期盼本书的出版能为同行提供启发,为教育添一缕微光;也期待婷婷老师在未来的机遇和挑战中不断突破自我,收获更多精彩!

沈冬梅*

2025 年 2 月 12 日

---

* 沈冬梅:上海市浦东教育发展研究院高中英语教研员、上海市英语特级教师、正高级教师。

在全球化的大背景下,英语作为全球通用语言的角色愈发凸显。它不仅是沟通的桥梁,更是文化交流的重要媒介。随着国际交流的日益频繁,英语教育的目标已经从单纯的语言技能传授转变为培养具有全球化视野和跨文化交际能力的人才。尤其在《普通高中英语课程标准(2017年版2020年修订)》(以下简称"新课标")文件发布的背景下,高中英语教学的核心目标已经从单纯的语言技能传授转变为培养和发展学生的核心素养。这一转变体现出教育的深层价值和育人目标,旨在培养学生适应个人终身发展和社会发展需要的正确价值观、必备品格和关键能力。核心素养的培养在高中英语教学中的重要性则体现在课程目标的转变、课程内容的重组、教学方式的创新、学业评价的改革以及核心素养的整体性上。其中,课程目标的转变意味着英语教学不再仅仅关注语言知识的传授,而是更加注重学生综合素质的培养。新课标以人与自我、人与社会、人与自然三大主题为引领,通过不同类型的语篇,将语言学习与文化育人融为一体,使学生在教师的指导下围绕意义主线,运用语言技能和学习策略,学习语言知识和文化知识,建构并生成围绕主题的新的认知、态度和正确的价值判断;教学方式的创新要求教师从英语学科的特性和学生的现实需求出发,通过不断创新教学策略,实现核心素养的培养。

新课标鼓励教师创新教学策略和教学模式,提升学生的学习兴趣,构建更优质的英语课堂,并最终发挥学科的育人作用;学业评价的改革提出了"教一学一评"一体化设计的评价理念,强调评价的激励和促学作用,特别强调要形成"教一学一评"一体化的有机评价机制。这意味着评价不再仅仅是对学习结果的检测,而成为教学过程中一个有机组成部分,旨在促进学生核心素养的发展。新课标强调核心素养的整体性,要求教师在教学中强化实现核心素养的四个方面(即语言能力、文化意识、思维品质和学习能力)相互渗透、融合互动、协同发展的整体意识,避免单向维度的碎片化教学。新课标中课程实施的部分提供了具体的指导意见和教学案例,帮助教师在实际教学中落实核心素养的培养,特别是在教学提示和教学要求部分给出实际建议。综上所述,新课标为深化高中英语课程改革提供了方向,也为教师在教学实践中落实核心素养提供了指导。通过这些改革,英语教学将更加注重学生的全面发展,着力培养其成为具有国际视野、跨文化交际能力和全球竞争力的人才。

　　基于上述背景,本书深入探讨了在高中英语教学中如何有效地融入文化意识的培养,以及这一过程对学生认知发展和交际能力有何影响。笔者将从学生"学"和教师"教"的整体视角出发,结合输入假说理论、建构主义学习理论以及语言文化发展模型等理论支持,探讨文化意识培养的实践路径。在这一过程中,笔者认为学生的文化意识培养应该遵循其认知发展的规律,从学生主体性出发,促进学生的有意义学习。此外,本书提出了文化激活、多元文化的"i+1"输入、跨文化内化以及跨文化输出四个环节,以实现学生文化意识的习得。同时,教师作为学生学习的指导者与促进者,其课堂教学设计应以学生认知发展规律为基础,开展层层递进的教学环节设计。

　　具体而言,本书将高中英语教师培养学生文化意识的实施路径总结为注意(Noticing)、比较(Comparing)、反思(Reflecting)、互动(Interacting)和评价(Evaluating)五个环节。这一过程旨在首先激活学生的文化背景知识,引起学生的注意;接着引导学生对不同的语言环境和社会文化环境进行比较,进而引发学生的反思,促进学生反思自身语言文化与目的语文化之间的多样性与差异性,对语言与文化信息进行内化,形成个人独特的见解;最后在互动的过程中实现跨文化的输出,帮助学生准确传达个人的意思并对他人的交流互动进行有效反馈,成为具备良好跨文化交际能力的人。在"注意(Noticing)"环节,教师通过引入与学生生活经验相关的文化元素,激发学生的好奇心和探索欲,使学生能够主动关注并识别文化差异。例如,教师通过展示不同国家的风俗习惯、节日庆典等,让学生在对比中发现文化的独特性和共性。在"比较(Comparing)"环节,教师引导学生对不同文化背景下的语言使用和交际方式进行比较、分析,帮助学生理解文化差异对语言交流的影响。这一环节要求学生不仅要识别差异,还要学会在不同文化间架起沟通的桥梁。"反思(Reflecting)"环节是学生内化文化知识的关键阶段。通过反思,学生能够更深入地理解文化差异,形成自己的观点和态度。教师可以设计讨论、写作等活动,鼓励学生表达自己的看法,并在交流中深化理解。"互动(Interacting)"环节强调在实际交际中运用所学的文化知识,通过角色扮演、模拟对话等活动,学生能够在实践中学习如何适应不同的文化环境,提高跨文化交际能力。最后,"评价(Evaluating)"环节贯穿于整个教学过程,包括教师评价、生生评价和学生自评。这一环节不仅帮助学生认识到自己的进步和不足,也是教师调整教学策略的重要依据。通过评价,学生能够更好地反思自己的学习过程,明确下一步的学习目标。

　　本书的编写旨在为英语教育工作者提供一个理论与实践相结合的参考框架,以期在全球化背景下,为培养具有国际视野和跨文化交际能力的新一代青年贡献绵薄之力。笔者期待本书能够激发读者对于英语教学中文化意识培养的深入思考,并在实际教学中得到应用和推广。笔者相信,通过这些教学实践,学生的英语语言能力将得到提升,为日后在多元文化背景下的交流与合作奠定坚实的基础。

目　录

第一章

概　述

第一节　研究缘起

一、培养国际化人才的时代需求

正如联合国前秘书长科菲·阿塔·安南所言,随着全球化进程的加深,文化间包容的对话以及对多样性的尊重变得尤为重要。目前,我国在全球治理体系中的作用日益显著,与世界各国在政治、经济、文化等领域的交流愈发紧密。在此背景下,"讲好中国故事,传播好中国声音"成为塑造国家形象的关键途径之一。[①] 为实现这一目标,在顶层设计层面,我国颁布了一系列的政策规划及课程标准文件,致力于培养具备国际视野、尊重文化多样性以及拥有人类命运共同体意识的国际化人才。比如,《国家中长期教育改革和发展规划纲要(2010—2020 年)》明确提出,"培养大批具有国际视野、通晓国际规则、能够参与国际事务和国际竞争的国际化人才"。[②] 2021 年习近平总书记在中央人才工作会议上发表重要讲话,进一步强调了人才在民族振兴和国际竞争中的战略地位,为新时代人才工作指明了方向。[③] 因

[①] 王晓丽,张振卿.国家形象视域下讲好中国故事的双重价值意蕴[J].青海社会科学,2022,
(01):187 - 193.

[②] 中华人民共和国教育部.国家中长期教育改革和发展规划纲要(2010—2020 年)[EB/
OL].(2010 - 07 - 29)[2024 - 11 - 16]. http://www. moe. gov. cn/srcsite/A01/s7048/
201007/t20100729_171904. html.

[③] 中华人民共和国中央人民政府.习近平:深入实施新时代人才强国战略　加快建设世界
重要人才中心和创新高地[EB/OL].(2021 - 09 - 28)[2024 - 11 - 14]. https://www.
gov. cn/xinwen/2021-09/28/content_5639868. htm.

此,为了更好地适应培养国际化人才的需求,需要尽早提升学生的文化意识和跨文化交流能力,而这对于高中生而言更为迫切,因为这不仅关乎学生个人的全面发展,也关乎整个民族的文化强国建设。

二、发展学生核心素养的内在要求

高中教育在我国基础教育阶段中发挥着关键作用,为每一个学生的人格发展和学力发展奠定重要基础。高中英语作为课程体系中的核心科目之一,始终受到关注。伴随着基础教育课程改革,英语课程标准也在不断更新发展,为一线教师提供课程与教学改革的方向。笔者通过对比分析不同版本的普通高中英语课程标准(以下简称"课标"),发现不同时期的课标在文化知识定义及英语教学中学生文化意识培养要求上存在显著差异。2003 年的课标中对于"文化"的界定主要聚焦于英语国家,而文化意识的培养旨在通过学习英语国家文化,加深学生对本国文化的理解。① 2016 年,伴随《中国学生发展核心素养》的发布,如何将核心素养落实到学科课程教学中成为新一轮改革的重要抓手。至 2017 年,《普通高中英语课程标准(2017 年版)》正式提出了"英语学科核心素养"的概念,将"文化意识"列为核心素养的四大维度之一,与语言能力、思维品质和学习能力并重,强调"文化意识体现了英语学科核心素养的价值导向",从而进一步提升了文化意识在英语教学中的地位。该版本对文化意识给出了清晰的界定,即对中外文化的理解和对优秀文化的认同,是学生在全球化背景下展现出的跨文化认知、态度和行为取向,②其培育有助于增强学生的国家认同感和家国情怀,坚定文化自信。2020 年发布的《普通高中英语课程标准(2017 年版 2020 年修订)》虽在文化意识的内容部分整体调整不大,但是更加明确了文化自信的培养目标,强调在文化教学中应重视母语文化的学习。③ 可以说,文化意识是英语学科核心素养的重要体现,在英语学科教学中培育学生的文化意识具有重要价值,不仅有助于深化高中生对国家的认同感,增强家国情怀,进

---

① 中华人民共和国教育部. 普通高中英语课程标准(实验)[S]. 北京:人民教育出版社,2003:23.

② 中华人民共和国教育部. 普通高中课程方案和语文等学科课程标准(2017 年版)[S]. 北京:人民教育出版社,2017:32.

③ 中华人民共和国教育部. 普通高中英语课程标准(2017 年版 2020 年修订)[S]. 北京:人民教育出版社,2020:4.

一步坚定文化自信,还有助于促进他们树立人类命运共同体意识,学会做人做事,最终成长为既具备文明素养又富有社会责任感的人。

总之,无论是从高中英语课程改革的需要出发,还是从培养高中生核心素养的根本立足点出发,对于新课标背景下高中英语教学中文化意识培养的研究皆是一项值得高度关注的课题。

三、提升高中英语教学质量的现实需要

尽管 2003 年版的课标已明确将文化意识的培养作为学生语言综合运用能力的关键目标之一。然而,时至今日高中生文化意识培养的实际成效究竟如何,仍值得深思。根据笔者的教学实践经验,以及一线教师的访谈记录可以发现,长期以来,高中英语课堂教学主要聚焦于语言知识的传授以及"听、说、读、写、译"五项基本技能的培养,重视单词发音的精准性、词汇在具体语境中的应用、语法规则的深入剖析与练习、写作模板的强化记忆与实际运用等,往往忽视了对教材中蕴含的文化背景知识的深入剖析。即便偶尔触及文化背景,大多也只是蜻蜓点水,浅尝辄止。除此之外,由于文化意识的涵盖面极为宽泛且内容纷繁复杂,加之部分高中英语教师自身文化意识淡薄、相关教学能力不足等,一线英语教师在文化教学方面仍面临诸多挑战,导致他们在进行教学设计和实施教学活动的过程中难以把握方向,无所适从。正如顾明远先生所强调的"课比天大",一个优秀的教师必然是重视课堂、不断精进教学的。[①] 所以说,英语教师的教学认知与专业化水平影响着学生文化意识培养目标的实现。

总体而言,在实际教学实践中,将文化意识的培养置于重要地位的课改理念并未得到有效的贯彻与实施,文化意识的培养也未得到应有的重视,更难以达到新课标中提出的增强学生文化自信的要求。鉴于此,本书拟通过实证研究的方式,深入探究当前高中英语学科教学中文化意识培养的现状、存在的问题及成因,并在此基础上提出具有针对性的解决策略,以期为推动高中英语教学质量提升、促进学生文化意识培养提供可参考的实施路径。

---

① 顾明远.加强教师队伍建设为教育强国建设提供人才支撑[J].教育研究,2024,45(09):4-8.

第二节　研究目的与意义

一、研究目的

长期以来,高中英语教学大多侧重于语言知识的传授与语言技能的训练。然而不容忽视的是,语言作为文化的重要载体,在培养学生文化意识的过程中发挥着不可替代的重要功能。基于此,在英语教学中培育学生的文化意识是应有之义。近年来,文化意识在英语教学中的重要性日益凸显,且在新课标中得到了明确体现,文化意识被视为高中英语学科核心素养的重要维度之一。时至今日,现实中高中生的文化意识培养现状究竟如何?英语教师的教学是否有所转变?英语教学中积累了哪些富有成效的文化意识培养方法?目前高中英语课堂中学生文化意识的培育存在哪些问题亟待突破?……这些问题都有待深入探讨。有鉴于此,本书将在系统梳理相关核心概念与理论研究成果的基础上,归纳总结文化意识培养的相关教学理论模型与教学原则。同时,通过实证调查的方式全面了解当前英语教学中文化意识培养的现状与存在的主要问题。此外,本书选取上海市的高中作为样本,基于行动研究来总结英语教学中文化意识培养的有效策略与方法,归纳经验,提炼普适性的教学策略,以期为高中英语教师开展文化教学提供可参考的路径。

二、研究意义

伴随新课改的持续推进,为了更加坚定学生的文化自信,新课标中将文化意识培养作为高中英语学科教学的重要任务之一。在落实这一培养目标的过程中,英语教师的文化教学能力成为关键。一方面,英语教师对新课标及教材的理解深度,直接关联着教学的成效。另一方面,英语教师对新课标中文化意识培养目标的认知以及所采用的教学策略,包括教学中文化意识培养活动的设计与安排、所采用的教学技巧以及相关教学资源的开发利用等,都直接影响着文化意识培养目标的实现。因此,本书聚焦于高中英语教学中文化意识培养这一话题开展深入研究,具有重要的理论意义与实践价值。

(一) 理论意义

本书立足于英语学科核心素养视角来探讨文化意识培育问题,以期实现核心素养与文化教学有机融合,拓展已有研究的视野,为本领域研究提供新的视角与方向。此外,本书将系统梳理文化意识培养的相关理论成果,在充分借鉴已有成果的基础上,进一步整合和丰富相关理论模型与教学原则,使高中英语文化意识培养方面的理论研究更为系统,为一线教师开展教学实践提供一定的理论参考。

(二)实践意义

本书致力于呈现高中英语教学中文化意识培养的现状,并从这一现状出发,深入分析培养过程中存在的主要问题、难点及其根源所在,从而为高中英语文化意识培养提供更有益的建议与策略。与此同时,研究还将立足于实践需求,总结英语教师在教育教学实践中已积累的经验,归纳有效的文化教学策略与方法,提升高中英语教师对于文化意识培养的认知,为促进文化教学的有效实施提供具有可操作性的路径与有价值的实践方法,进一步推动高中英语教学中文化意识培养实践的深入发展。

第三节　国内外已有研究梳理

一、文化意识的相关研究

梳理文化意识相关文献,可以发现已有研究主要集中在讨论文化意识的概念与内涵、文化意识在不同领域的价值与功能、文化意识培养的策略与方法等方面。具体包含以下方面:

(一)关于文化意识的概念与内涵的研究

国外研究者普遍认为,文化意识是指个体能够认识到他人因其独特起源与成长环境而形成的不同信仰、价值观及习俗,这种意识对于促进个人在人际关系和职业领域的成功至关重要。同时,文化意识水平呈现出不同层次的发展。国外学者罗伯特·G.汉维(Robert G. Hanvey)指出文化意识水平存在四个层次:处在第一层次的学习者主要通过学习教材、阅读杂志或旅游等方式,接触到不同文化表面、明显的特征或现象。由于认知水平的限制,他们往往无法深入理解这些文化特征背后的深层含义或文化背景。这一阶段的学习者可能只是停留在对文化现象的简单描述和记忆上。处在第二层次的学习者开始在某些文化误解甚至是文化冲突的场景中，感受到不同的文化背景下，人们的思维方式、行为习惯、价值观念等都可能存在显著差异。但由于缺乏深入的理解和分析，他们往往无法准确把握这些文化差异背后的深层原因和意义。处在第三层次的学习者开始通过理性的分析讨论，深入了解不同文化中的微妙而有意义的文化特征。他们能够理解不同文化特征的形成背景、发展脉络及其对人们行为和社会结构的影响。这一阶段的学习者能够运用批判性思维，对不同文化进行深入的比较和分析。处在第四层次的学习者通过设身处地地体验不同文化，不仅能够理解不同文化中的表面现象和深层含义，还能够深入文化的内核，理解该文化对人们思维方式和行为模式的塑造作用。这一阶段的学习者已经具备高度的跨文化敏感性和适应性，能够在不同文化背景下进行有效的沟通和交流。① 而我国不同学者对于文化意识的理解各有不同，例如董小川指出，文化意识涵盖两方面内容：一是对文化的深刻认识与高度重视，二是以文化视角审视并判断事物。② 安晓镜对文化意识的理解侧重于多元文化意识方面，其指出多元文化意识是个体在遭遇文化差异时展现的评价取向、情感偏好及行为导向，强调团队内部成员间的相互认知与尊重是达成文化多样性适应与平等的关键要素，文化意识与民族认同、文化适应策略之间存在复杂的关系。③ 可见，文化意识的内涵在不断丰富，并且文化意识水平可以伴随学习者认知思维的发展而不断得到提升。

（二）关于文化意识在不同领域的价值与功能的研究

通过对相关文献的梳理，可以发现在军事、护理及教学等不同领域均有对文化意识重要性的探讨，且均触及跨文化交流这一核心议题。例如，在军事领域，有学者强调，外语与文化意识是 21 世纪欧洲军事领导者培养不可或缺的一部分。文化意识能够帮助军人在复杂的军事环境中，考虑文化地形等因素，从而更有效地执行国际任务。④ 这一观点凸显了文化意识在军事行动中的战略

---

① HANVEY. R G. Cross cultural awareness［M］. Changsha: Human Education Press, 1990:34 - 36.

② 董小川. 试论本科历史教学中培养学生文化意识问题[J]. 历史教学问题,2008(4):70 - 73.

③ 安晓镜. 多民族地区初中生民族认同、文化适应策略与多元文化意识关系之探究[J]. 民族教育研究,2017,28(05):84 - 89.

④ ISPAS L. The implications of cultural awareness in military environment ［J］. International Conference Knowledge-Based Organization, 2016,22(1):31 - 34.

价值。在护理领域,有学者指出,文化意识与文化能力已成为护士的关键技能。他们通过对瑞典护士专业学生交流观念的研究发现,文化意识不仅是个人学习的驱动力,也是职业发展的关键因素。① 这一发现进一步证实了文化意识在护理实践中的重要性。而在教学领域,相关学者的研究表明,跨文化交流常因文化存在差异和缺乏共同语言而受阻。因此,在培养口译学生时,教师应充分考虑交流者的文化背景,以确保信息传递的准确性和有效性。② 这一观点强调了教师在跨文化交流教育中的重要作用,以及文化意识在提升交流质量方面的必要性。近年来,国内研究者越来越关注如何在教学领域增强学生的文化意识、文化自信与文化认同的培养问题。例如,我国学者郑钰认为文化意识是外语教学的重要目标之一,文化意识的培养是树立大学生文化自信的重要途径。③ 综上所述,文化意识具有重要的功能与价值在学界已基本形成共识。文化意识在各个领域中都扮演着至关重要的角色,它不仅是个人文化素养的良好体现,也是跨文化交流顺畅进行的保障。

（三）关于文化意识培养的策略与方法的研究

关于文化意识培养的方法与策略,目前已有不少学者进行了相关的研究。例如,外国学者凡蒂尼(Fantini)在其著作《文化教学新方法》中,详细列举了50位教师所采用的文化教学手段,这些方法涵盖语言文化探索、社会语言学实践、文化深入探究以及跨文化交流等多个维度。他着重指出,课堂应成为学生探索自身在文化适应挑战及沟通障碍方面经历的重要平台。④ 也有学者主张,文化意识的培养是一个逐步深入的过程,可以分为四个阶段:在初期阶段,个体需首要认识并理解自身的本土文化,以及这种文化塑造个人的行为模式。进入第二阶段,人们开始意识到本土文化与其他文化间的差异性与独特性。在第三阶段,文化意识培养的目标转变为能够基于文化差异恰当地选择适合的跨文化交

① BOHMAN D M, BORGLIN G. Student exchange for nursing students: Does it raise cultural awareness? A descriptive, qualitative study [J]. Nurse Education in Practice, 2014,14(3):259 - 264.

② SIMON S, SUCIU L. Raising cultural awareness in interpreting students [J]. Procedia-Social and Behavioral Sciences, 2015,1242 - 1245.

③ 郑钰. 文化自信视域下大学英语教学中文化意识培养研究[D]. 吉林大学,2024.

④ FANTINI A E. New ways in teaching culture [M]. New York: Teachers of English to Speakers of Other Language, 1997:6.

际行为。在第四阶段,来自不同文化背景的学生汇聚一堂,共同创造出富有新意且符合特定情境需求的文化形态,从而实现文化的融合与创新。① 英国语言学家威多森(Widdowson)主张语言与文化是相互独立的两个领域,在语言教学过程中,不仅要传授理论知识,更要注重实践应用,充分认识到语言与文化的区别,尤其是关注语言符号所指向的实际意义。② 国外学者约翰·H. 舒曼(John H. Schumann)认为,培养文化意识应重视文化适应的过程。文化适应实质是对新的交际系统要素的理解过程。③ 研究表明,在学习第二语言的过程中通常会经历四个阶段:"蜜月期""抵抗期""舒缓期"及"适应期"。具体而言,"蜜月期"的标志是刚接触新文化时,因新奇感引发的兴奋情绪;"抵抗期"则是指学习者在接纳目标语言文化时,与自身民族文化发生冲突,进而产生抵触心理;"舒缓期"是指冲突调和之后,紧张情绪逐渐缓解;最终,"适应期"表现为对新文化的同化或全面适应。舒曼从环境与情感维度出发,探讨了影响第二语言习得的因素,提出了文化适应模式。他进一步引入"社会距离"的概念,这一概念是指外语学习者相较于自身的社会文化背景,所需要学习的目的语的社会文化背景。舒曼指出,社会距离是影响个体文化适应程度的核心要素,它深刻影响着学习者的学习动机、态度及对他人的看法。社会距离由多维社会因素决定,涵盖社会显性、结合方式、文化和谐性、语言冲击、文化冲击、动机以及自我渗透七个方面。同时,在外语习得的过程中,会出现"同化"或者"濡化"现象,即外语学习者的母语文化归属感逐渐被目标语言文化取代,造成学习者的身份认同困惑。因此,舒曼强调在文化意识培养的过程中,应坚守本国的文化身份,避免母语文化被分离或被边缘化,同时也应采取多元化的文化适应策略,认识到本民族文化与外国文化的差异性,理解不同文化之间相辅相成、相互促进的关系。我国学者鲁子问等人基于文化知识的视角,提出了文化意识培养的三大实现路径,即"文化理解""文化传播"以及"价值内化"。④ 另有研究者则主张,应从文

① QUAPPE S, CANTATORE G. What is cultural awareness anyway? How do I build it? [J]. Retrieved July, 2005, 17:2008.

② WIDDOWSON H G. Teaching language as communication [M]. Oxford University Press, 1978:109 - 110.

③ SCHUMANN J H. The pidginization process: A model for second language acquisition [M]. Newbury House Publishers, 1978:56 - 67.

④ 鲁子问,陈晓云. 高中英语文化意识教育实践路径[M]. 北京:外语教学与研究出版社, 2019:21 - 124.

化对比、亲身体验文化活动、深化文化认识及文化体验等多个维度来探索文化意识的培养策略。① 不难发现,国内外学者从不同的视角对文化意识培养的策略与方法进行了探讨,尽管侧重点各有不同,但对于本书的开展具有重要的借鉴意义。

二、英语教学中文化意识培养的相关研究

在 20 世纪 70 年代之前,国外语言教学的主要焦点集中于语言技能的训练。尽管有学者倡议在语言课程中融入文化教学,但他们对于文化教学的具体内涵尚缺乏清晰的认识。② 随着全球多元文化的蓬勃发展,越来越多的学者逐渐认识到语言教学与文化教学之间存在紧密的关联。他们不仅意识到文化意识在语言教学中的重要性,还强调需将文化意识作为语言教学的一个关键维度。国外学者乔杜里(Choudhury)曾指出,单纯学习外语而不涉猎其文化,只会培养出"语言上的巨人,文化上的矮子"——即那些语言流利却对其社会或文化背景一无所知的人。③ 为此,有学者提倡将特定的教学技术和理念与文化资源相结合,以更有效地实施文化教学。④ 自 20 世纪 80 年代开始,我国学者也逐渐开始关注文化教学在英语教学中所发挥的重要价值,许国璋是首位对英语词汇中蕴含的文化含义给予关注的学者,他认为我国英语教师在实际课堂教学中对于词汇中的文化要素并未给予足够的重视。⑤ 随后,越来越多的学者对英语教学中文化意识培养这一话题开展讨论。围绕英语教学中文化意识培养的相关研究主要包含以下几个方面:

(一) 关于英语教学中文化意识培养目标的研究

国外多数学者认为在英语教学中培养学生文化意识的根本目的在于培养具有跨文化意识的人,通过对文化知识的积累和理解,以实现对各种跨文化交

① 王一惠. 从文本到文化:小学生英语学习中的文化意识培养研究[D]. 华中师范大学,2019.
② BROOKS N. Teaching culture in the foreign language classroom [J]. Foreign Language Annals, 1968,1(3):204 - 217.
③ CHOUDHURY M H. Teaching culture in EFL: Implications, challenges and strategies [J]. IOSR Journal of Humanities and Social Science, 2013,13(1):20 - 24.
④ SEELYE H. Teaching Culture Strategies for Foreign Language Educators [M]. Skokie, IL: National Textbook Company, 1988:6.
⑤ 苗丽霞. 近 20 年我国英语文化教学研究述评[J]. 中国外语,2007(06):101 - 104.

际场景的灵活应对。① 迈克尔·拜拉姆(Michael Byram)针对跨文化语言学习者提出三维培养目标——知识、技能、态度,这三个目标都与文化意识培养密切相关。他强调,态度构成了文化沟通与交流的基石,涵盖文化好奇心、接纳度及文化信念等方面;知识维度也扮演着至关重要的角色,它关联着文化身份认同及文化互动的深度与广度;此外,技能培养目标亦不可或缺,具体包含翻译与联结能力、探索与互动能力等。另外,也有学者补充指出,在英语教学中培养文化意识的目的在于提升学生的批判性阅读能力。②

我国学者对于英语教学中文化意识培养目标的认识处于不断发展与变化之中。在核心素养框架尚未构建之前,我国学者普遍认为英语教学中文化意识培养的目标旨在增强学生的文化知识理解力、文化差异认知力以及跨文化交流技能。③ 然而,随着英语学科核心素养概念的提出,文化意识的培养目标发生了转向,更加聚焦于学生文化品格的塑造。这一转变强调,在传授文化知识的同时,需着重培养学生辨识优秀文化的能力,并激发他们的家国情怀与文化自信,使他们将优秀的文化品格内化为其内在品质,外化为日常行为,从而为社会主义事业培养具备国际视野和跨文化交流能力的建设者与接班人。④ 作为新课标中英语学科的核心素养之一,文化意识培养的重要性不言自明。潘洞庭指出,文化与语言密不可分,语言是文化的产物,又是文化的一种表现形式,语言的使用一定得遵循文化原则。⑤ 康淑敏强调,只有充分了解文化因素、深入挖掘文化内涵,才能真正学好英语这门语言,并在真实情境中恰当运用。此外,全球化背景突出了跨文化交际能力作为一个国家与世界之间互相交流沟通、彼此了解的重要手段的必要性。引导学生了解中西方文化的差异与共性,培养其融通能力,有助于避免因背景知识匮乏而引起的理解偏差、因母语表达方式的套用所造成的冒犯,以及文化规约带来的冲突等跨文化交际的语用失误;⑥也有

① 张红玲. 跨文化外语教学[M]. 上海:上海外语教育出版社,2007:309.

② KWON T H. The effects of the use of literature in intercultural language teaching and learning on Thai students' critical reading skills and cultural awareness [J]. Payap University Journal, 2020,30(1):16 - 25.

③ 黄波. 论英语意识的培养必须植根于文化[J]. 外语学刊,2010,153(02):116 - 119.

④ 陈彩虹. 英语学科素养之文化品格研究[J]. 教育理论与实践,2018,38(08):47 - 49.

⑤ 潘洞庭. 文化意识与外语教学[J]. 外语学刊,2007,(06):141 - 143.

⑥ 康淑敏. 外语教育中的文化意识培养[J]. 教育研究,2010,31(08):85 - 89.

利于学习者在中西文化交融的过程中培养国际视野和多元文化意识,进一步增进对本民族语言与文化的了解,逐步养成文化自觉,最终实现英语学科育人目标。

(二)关于英语教学中文化意识培养现状的研究

梳理文献可以发现,关于文化意识培养现状的研究贯穿于小学、初中及高中各个教育阶段。例如,姚秀丽通过英语教师问卷调查、深度访谈一线教育工作者以及课堂实地观察等一系列调研方法,对小学教师在教学实践中文化意识培养的现状进行了探究。调研发现,小学教师对文化意识培养的理念认知比较薄弱,实际课堂中相关培养活动明显不足。[①] 郦丽娟则将研究聚焦于乡镇中学,她针对乡镇初中二年级学生及全体英语教师进行了广泛调查。调研结果显示,尽管学生对教材中直接呈现的文化知识掌握较好,但对于教材之外的补充性文化背景知识掌握情况不佳。此外,乡镇中学教师往往忽视文化意识的培养,而将更多精力投入在提升学生的应试能力上。[②] 陈玉深入探究了高中阶段文化意识培养的现状,发现高中生对中外文化知识的学习抱有浓厚兴趣,但是受高考应试压力及传统机械式教学方式的影响,教师在实际教学中并未充分落实英语课程中关于文化意识培养的目标。[③]

通过对相关研究的剖析,可以发现在英语教学实践中文化意识培养的效果不太理想,在教师、学生、教材三个方面均存在一定问题。首先,在教师层面,部分教师在教学过程中培养文化意识的意识或者能力有所欠缺。例如,王蔷等学者认为,教师的文化素养相较英语课程的培养要求可能稍显逊色,不足以支撑其在课堂中充分开展文化教学,致使教学过程有"语言"无"文化",只是碎片化、表层化的语言知识的堆砌。[④] 同时,程晓堂指出,在教师有意识开展文化教学的情况下,也可能存在重"知识"轻"体验"的现象,教师仅停留在文化知识表面进行"蜻蜓点水"式教学,未创设情境体验教学活动,不会借助丰富的课外活动来强化学生的英语习得效果。[⑤] 此外,郭宝仙指出,在当前英语教学中缺少针对传播

---

① 姚秀丽. 小学英语教学中文化意识培养现状及对策研究[D]. 沈阳师范大学,2022.

② 郦丽娟. 初中英语教学中学生文化意识培养的调查研究[D]. 苏州大学,2016.

③ 陈玉. 高中英语文化意识培养的现状调查[D]. 西南大学,2021.

④ 王蔷,周密,孙万磊. 重构英语课程内容观,探析内容深层结构:《义务教育英语课程标准(2022 年版)》课程内容解读[J]. 课程. 教材. 教法,2022,42(08):39-46.

⑤ 程晓堂. 关于"双减"政策背景下大规模高利害考试命题的思考:以英语学科为例[J]. 中国考试,2022,(03):1-6.

中华传统文化的有效教学策略，教学活动缺乏深度和系统性。① 其次，在学生层面，部分学生可能缺少对文化内容学习的兴趣。目前，英语教学的评价机制侧重于考查学生对于英语语言知识和语言技能的掌握情况，因而学生容易忽视文化知识和素养的提升。有效课堂教学策略和课外接触英语机会的缺失也会影响学生学习文化的兴趣和动力，导致真实情境下的英语交流频繁出现沟通障碍、表达不标准的情况。最后，在教材层面，英语教材中文化相关内容不够丰富。例如，王智敏等学者在分析教材中的文化内容，以探究其是否可以作为教师在课堂中培养学生文化意识的主要依据时发现，部分教材存在文化内容单一、缺乏完整的文化知识体系、相对缺乏本土文化渗透等问题。② 郑燕等研究者指出，人教版高中英语教材中缺少与中国文化相关的内容，且与跨文化交际策略相关的内容占比较低。③ 相似地，戚桢豪等认为，上教版高中英语教材具有丰富的中国特色文化内容，时代性鲜明，但是缺少文化对比的呈现。④ 谢立芳通过研究发现，在外研版初中英语教材中，文化观念和文化社群呈现极少，目的语文化含量也远超中国文化相关内容。⑤

　　总体而言，尽管目前文化意识的培养在各教育阶段逐渐受到重视，但仍存在诸多问题，比如英语教师在文化意识培养方面的教学投入较为不足、主动性不够；文化意识教学内容较为单一，教材和相关配套资源体系不完善；学生参与文化意识培养活动的积极性不高；文化意识教学的教学途径相对局限，教学效果不够理想……这些都是亟待解决的关键问题。

（三）关于英语教学中文化意识培养的策略与方法研究

　　国内外学者从不同角度对英语教学中文化意识培养的策略与方法进行了探讨。国外学者弗兰克（Frank）认为在英语教学中应该着重构建文化语境，并

① 郭宝仙.以学习者为中心的英语教材：特征、表现与启示[J].课程.教材.教法，2022，42（09）：136－144.

② 王智敏，董艳.后方法视域下英语教学文化意识的培养[J].教学与管理，2020，（36）：98－100.

③ 郑燕，陈雪芬.跨文化交际视野下的高中英语教材探索：以人教版必修模块为例[J].教学与管理，2015，（07）：43－45.

④ 戚桢豪，贾卉.跨文化交际视角下高中英语教材的文化内容分析：基于牛津版和上教版教材的对比[J].教师教育论坛，2023，36（04）：45－48.

⑤ 谢立芳.外研版初中英语教材文化呈现研究[J].新闻研究导刊，2023，14（16）：231－234.

以此为基石,将文化知识有机融入英语教学之中,深入探索文化元素、跨文化现象以及不同语境中文化的差异。与此同时,他强调为了更好地培养学生的文化意识,需要教师提升自身的文化素养,充分利用网络资源与文化类期刊来增强自身的文化知识积累,同时在课堂教学中可以实施角色扮演、文化观察等教学策略以达到有效增强学生文化意识培养的效果。[①]　米勒(Miller)及其团队通过实施两轮行动研究,总结了旨在培养文化意识的实践社群(Community of Practice,Cop)理论。该理论倡导利用同步英语聊天群组,激励学生在微信平台上分享他们的见解,并在教师的专业引导下,共同构建关于中国文化主题的知识体系。[②]　还有学者基于数字技术提炼出用于文化意识的培养的"3P 理论模型",具体涵盖产品(Product)、实践(Practice)与观点(Perspective)三个维度。该模型着重指出,应将数字媒体与探究性学习深度融合于文化意识培育之中,旨在构建一个既丰富又富有意义的学习环境。在此环境中,学生能够与真实数据直接互动,进而形成对国内外文化产品、实践及观点的个人见解。为了在英语课堂上有效推进文化意识的培养,相关机构与社会各界应当协同制定相应计划,提供多元化的交流平台,从而增进学生对不同国家和世界文化的深入理解。[③]

　　近年来,我国研究者对英语教学中文化意识培养的方法与策略也开展了一定研究。例如,施惠珊指出,文化意识的培养需充分利用文化导入的作用,教师在解读教材文本、传授英语词汇以及构建真实语境这三个关键环节中应灵活融入文化导入策略,以此增强学生的文化意识。[④]　费如春则持有不同但互补的观点,他认为文化涵养的提升是文化意识培养的终极目标。因此,为了切实推进文化意识培养目标的实现,需从语言与文化融合、文本深度解析、项目实施、问

---

① FRANK J. Raising cultural awareness in the english language classroom ［C］. Washington: English Teaching Forum, 2013,51(4):2.

② JUNJIE G W, MILLER L. Raising native cultural awareness through WeChat: A case study with Chinese EFL students ［J］. Computer Assisted Language Learning, 2021, 34 (4):552－582.

③ DEMA O, MOELLER A K. Teaching culture in the 21st century language classroom ［J］. Touch the World: Selected Papers from the 2012 Central States Conference on the Teaching of Foreign Languages, 2012,75－91.

④ 施惠珊. 在中学英语教学中进行文化意识培养[J]. 教学与管理,2010(34):62－63.

题驱动学习以及道德教育渗透等多个维度切入。① 杜珊运用 BOPPPS 教学模式对高中英语阅读教学中如何培养学生的文化意识进行探讨,该教学模式强调学生全方位参与式学习,同时教师要及时获得学生的反馈信息以调整后续教学活动。② BOPPPS 模式对课堂教学过程进行模块化分解,分成导入(Bridge-in)、目标(Objective)、前测(Pre-assessment)、参与式学习(Participatory Learning)、后测(Post-assessment)、总结(Summary)六个阶段,③英语教师的教学设计方案是师生信息交流的主要媒介,课堂互动、教学反馈和教学评价都围绕这一方案展开,构成了教学的基本内容。也有学者立足于教学实践的实际需求,探讨了文化意识培养的有效策略。该观点强调应选取与教学需求紧密相关且能反映文化现象的话题,营造既适合英语学习又便于文化体验的教学情境,设计旨在体验文化与提升跨文化交际能力的学习活动,以促进学生的文化意识发展。④ 此外,还有学者主张从单元教学的整体视角出发,系统设计英语教学中文化意识培养的方案,通过引入真实、生动的语境,引导学生深入感知文化内容,对比分析文化差异,并从中汲取文化精髓。⑤ 以上研究进展与理论成果,为本书研究的顺利开展提供了重要的参考。

三、研究述评

通过对国内外关于高中英语教学文化意识培养相关文献的系统梳理,可以发现学界对于文化意识培养是英语教学的重要目标与内容已基本达成共识。探究英语教学与文化意识培养的相关研究日趋丰富,特别是跨学科的研究也在逐渐增多。从我国的研究现状来看,自 2003 年《普通高中英语课程标准(实验)》提出了文化意识培养的目标之后,如何在英语教学中培养学生的文化意识

① 费如春. 小学英语教学中培养学生文化品格的策略[J]. 中小学外语教学(小学篇),2021,44(08):48-52.

② 杜珊. OBE 视域下 BOPPPS 教学模式在高中英语阅读教学中的应用研究[D]. 沈阳师范大学,2024.

③ 曹丹平,印兴耀. 加拿大 BOPPPS 教学模式及其对高等教育改革的启示[J]. 实验室研究与探索,2016,35(02):196-200.

④ 刘彬. 文化意识维度下的小学英语课堂教学[J]. 中小学外语教学(小学篇),2018,41(12):29-34.

⑤ 丁英瑜. 小学英语单元整体教学中文化意识的培养[J]. 中小学外语教学(小学篇),2021,44(07):36-41.

这一话题开始受到关注。而英语核心素养目标的提出，更是使这一话题的研究成为学界关注的热点。由此可见，如何在英语教学中进行文化意识培养一直是我国学者和教育界工作者关注的话题，从明晰文化意识的概念和特征，到培养文化意识的理论与实践，该领域的研究展现出理论与实践并进的态势。虽然这些研究成果能够为进一步落实培养文化意识提供丰富扎实的参考，但是仍存在一些研究薄弱点，需要持续深入探索，具体包含以下方面：

（一）基于新时代背景下高中英语教学中培养文化意识的研究需要拓展

尽管文化意识培养策略已逐渐转向问题导向、教材重组、情境创设等方向，且实践操作性日益增强，但仍缺乏基于新时代宏观社会背景下的系统性探究。新课标中明确提出要帮助学生"学习、理解和鉴赏中外优秀文化，培育中国情怀，坚定文化自信"，这一目标的提出为英语教学中培养文化意识提供了重要的方向指引。那么，如何利用教材有机融入习近平文化思想，开展符合中国特色社会主义新时代背景要求的英语教学和文化意识培育？这一点值得进一步探讨。

（二）关于英语教学中文化意识培养的地区经验有待总结

对于英语教学与文化的相关研究，研究者更多是基于微观层面的探究，较少地考虑在中观层次上不同地区所取得的研究成果。本书将以上海地区为例，对于上海现行使用的上教版和上外版教材，围绕如何利用教材中蕴含的文化知识和内容，培养学生多元文化意识、帮助树立文化自信、弘扬中华文化精华这一关键问题开展深入研究，将比较零散的文化意识培养方法有机地整合在一起，以期形成系统化的理论阐释，同时总结一套具有较强普适性的教学指导建议和具有代表性的教学模式，为一线英语教师更好地在英语课堂内外培养学生的文化意识、落实英语学科立德树人的教学目标提供参考。

（三）与高中英语教学实际紧密结合的实证研究有待加强

在梳理文献的过程中，笔者发现当前关于文化意识培养的研究大多聚焦于义务教育阶段，而针对高中阶段的研究相对较少，且多数研究停留在理论探讨层面，缺少相关实证数据的支持。基于当前高中英语学科的教学实际情况，较好地促进学生文化意识的培养相关的实证研究需要进一步增强。因此，本书将立足于高中英语教学的真实现状，获取相关数据支持，呈现高中英语教学中文化意识培养的整体状况，剖析主要问题及成因，以为寻求更加有效的学生文化意识培养策略提供证据支持。

第四节　研究思路与方法

一、研究思路

本书主要由概述、理论篇与实践篇三个部分构成,按照"发现问题—提出问题—解决问题"的思路,对新课标背景下高中英语教学中文化意识的培养这一话题进行系统性研究。概述部分基于对新时代培养国际化人才的时代趋势、发展学生核心素养的内在要求、高中英语课程改革的现实需求等方面的综合考虑,确立本书的研究问题、研究意义与实践价值,并通过对国内外重要文献的系统梳理,掌握相关领域的研究进展与研究不足之处,从而确立本书的研究空间,寻找研究的突破点。理论篇部分从多维度寻找本书的理论支撑。首先,在厘清核心素养、英语学科核心素养、学科育人目标、文化与文化意识等重要概念的基础上,探讨英语核心素养与文化意识培养之间的重要联系;其次,在新课标背景下,深入分析新课标中的重要改革理念,以新课标为指引,分析其中关于文化意识的定义与内涵、学业质量水平要求等相关的具体内容,从而以新课标的基本理念为依据,为高中英语教学实践改革提供方向与重要参考;最后,本书将深入学生学习,明晰本书的理论基础,即从学生认知相关的理论、英语学习相关的理论以及文化教学相关的理论出发,综合形成本书的整合性研究框架,从学生的"学"与教师的"教"双重视角,构建本书的理论模型,使之既符合学生认知发展规律,又能够更为直观地指导英语教师的文化教学实践。实践篇部分,本书基于构建的理论框架与教学实践模型,并结合笔者在英语课堂中文化教学的实践经验,综合采用案例研究法、课堂观察法与行动研究法等方法对高中英语课堂文化意识培育的具体实践策略、方法及路径进行全面的呈现,总结优秀课例所取得的成效、展示学生成果以及教师的专业成长,并分析研究存在的主要问题和未来的改进方向,从而为广大的一线教师提供实践参考。

二、研究方法

(一)文献研究法

本书首先通过检索、收集、筛选及整理与文化意识培养相关的文献,对国内外与文化意识培养相关的文献进行系统性爬梳,把握已有研究进展。其次,基于对相关研究的梳理,对文化与文化意识、文化意识培养、核心素养、育人目标等核心概念进行明确的界定与阐释。最后,对学生认知相关的理论、英语学习相关理论、课程实施实践相关理论模型进行详尽的论述。已有研究成果不仅为本书构建了坚实的理论基础,还为后续的分析框架、理论探讨以及文化意识培养的实践探索提供了强有力的支撑。

(二)案例研究法

案例研究法是一种系统整体性的研究方法,可帮助在复杂的关系中寻找线索。本书选取高中英语教材自然单元、校本化主题单元两大领域,对其中文化意识培养的典型课堂教学实践案例进行整体性分析,较为全面地呈现上述单元各板块文化意识培养课堂实践的全貌,对教师在教学活动设计与实施、文化背景挖掘与补充、文化内涵解释与说明、文化价值树立与塑造、文化思维的激发与提升等方面进行深入剖析,总结与归纳教学经验,为高中英语教师开展文化教学活动提供参考和启示。

(三)课堂观察法

课堂观察法是研究者有目的、有意识对教育过程进行系统感知的一种活动。为了获取真实课堂教学实践的信息、掌握现实学校教育场域下高中英语教学中文化意识的培养情况,本书对高中英语课堂教学过程进行观察与记录,更为细致地了解学生的课堂参与情况,学生在认知、情感、态度等方面的反应与变化,以及教师在文化教学实践中的整体设计思路、教学实施过程与教学评价方式、典型的课例等。

(四)行动研究法

行动研究法的核心目标在于明确界定现场实际问题的本质,并通过"参与"和"改进"行动来优化现状。[①] 其实施过程一般包含四个关键步骤:计划、行动、观察与反思,即通过螺旋式递进的方式,凸显研究在改进行动中的实际作用。[②] 行动研究法不仅强调了研究与实践的紧密结合,还确保了研究对改善具体行动具有直接且持续的意义。本书中,基于核心素养视域下开展基于文化意

---

① 顾泠沅,杨玉东. 教师专业发展的校本行动研究[J]. 教育发展研究,2003,(06):1-7.
② 陈向明. 质的研究方法与社会科学研究[M]. 北京:教育科学出版社,2000:455-458.

识培养的高中英语教学课例行动研究,首先是由教师进行凸显文化意识培养的教学设计;其次,挖掘高中英语教师在文化教学中的特点与问题,总结"具体行动"的成功经验,反思存在的问题,形成多元化的教学策略体系;最后,评价高中英语文化教学实践的具体成效,探索进一步改进的方法与策略等。

第二章

核心素养与文化意识

本书以高中阶段英语学科核心素养之一的文化意识培养为主题,进行理论探究和实践研究,并在深入讨论文化意识这一概念之前,对文化这一概念进行阐释。总体而言,本章节将梳理核心素养与育人目标之间的关系,厘清文化的内涵,并对本书所述"文化"及"文化意识"进行概念界定。

第一节　核心素养与英语学科核心素养

一、核心素养的概念

核心素养这一概念于 20 世纪 90 年代中后期由经济合作与发展组织(OECD,简称"经合组织")首次正式提出。这一概念的提出在国际上引起了广泛反响,促使包括联合国教科文组织(UNESCO)、欧盟以及美国、澳大利亚在内的众多国际组织和国家纷纷开展了相关的教育理念与教育实践革新。目前,促进学生核心素养发展已成为全球教育发展的关键主题之一。

核心素养在英语中相对应的是 key competency,其中"key"意味至关重要、不可或缺,而"competency"则涵盖能力、素养等多重含义。这一概念强调的是个体具备的重要素质,也是促进学生全面发展的关键路径。在中文中,"素养"由"素"和"养"两个字构成,其中"素"强调个体与生俱来的天赋潜能与本性人格,"养"强调通过后天持续不懈的努力,对人格品质进行锻造与提升的过程。① 具

---

① 周萍洁.英语学科核心素养背景下高中生文化意识培养现状调查研究[D].江苏大学,2021.

体而言,这一过程不仅要求个体长时间地投入精力与时间,还需通过不断内化学习,将所学知识、价值观等凝练为自身的一部分,并最终体现在日常的行为举止之中。可以看出,无论是中文释义还是英文释义,核心素养都是个人所具备的素养中最基础、关键的部分。

在经合组织发布的《核心素养的界定与遴选:行动纲要》中明确指出,面对当今社会的复杂挑战,个体所需的素养不应仅限于知识与技能层面,还应包括在特定情境下有效调动心理和社会资源以满足多元化、复合型需求的能力。简而言之,核心素养是个人实现自我成长、终身发展,以及适应主流社会生活与劳动市场需求所必需的知识、技能和态度的综合体现。① 我国学者张华指出,核心素养是个体适应信息时代与知识社会发展所必需的高级能力与人性特质,它使个体能够应对复杂问题的挑战,并灵活适应各种难以预料的情境。② 尽管已有研究中对于核心素养内涵的阐释各有差异,但这一概念所蕴含的人本主义教育思想以及回归教育“育人”本质的思想是被广泛认可的。③ 以核心素养为导向的教育,不仅涵盖了传统意义上的知识与技能培养,还注重学生的全面发展与终身学习,且特别关注个体与社会之间的和谐共生与协调发展。这一教育理念与经合组织所提出的核心素养框架中的三大维度——人与工具、人与自己、人与社会高度契合,展现了教育目标与社会发展需求的深刻联系。

2014 年 3 月,教育部颁布的《关于全面深化课程改革　落实立德树人根本任务的意见》中提出了核心素养的概念。④ 该意见提出我国所构建的“中国学生发展核心素养”体系旨在实现“全球化”与“本土化”的融合。所谓“学生发展核心素养”,是指学生应当具备的一系列素质与能力,这些素质与能力不仅能够满足其终身发展的需求,也符合学生适应社会发展的要求,着重强调了个人修养的重要性、社会关怀以及家国情怀,同时更加注重自我发展、合作参与以及创新实践等多个维度。2016 年,《中国学生发展核心素养》中将学生核心素养诠

---

① 张娜. 联合国教科文组织的核心素养研究及其启示[J]. 教育导刊,2015,(07):93 - 96.
② 张华. 论核心素养的内涵[J]. 全球教育展望. 2016,(45):10 - 24.
③ 程晓堂,赵思奇. 英语学科核心素养的实质内涵[J]. 课程. 教材. 教法,2016,36(05):79 - 86.
④ 中华人民共和国教育部.《关于全面深化课程改革　落实立德树人根本任务的意见》[EB/OL]. (2014 - 4 - 08)[2024 - 11 - 24]. http://www. moe. cn/srcsite/A26/jcj_kcjcgh/201404/t20140408_167226. html? Pphlnglnohdbaiek.

释为学生适应终身发展与社会发展应具备的必备品格与能力,是知识、技能、态度、情感、价值观等多方面的综合表现。[①] 从本质上来讲,核心素养直接关乎"培养什么样的人"这一本质问题。核心素养的培养能够使学生发展为更全面的个体,并为终身发展与终身学习奠定良好基础。

二、英语学科核心素养

在中国,英语是中小学教育体系中占据重要地位的外语语种之一。在全球范围内众多非英语母语国家和地区,英语常被视作第二语言,甚至在某些地区被确立为官方语言。在深入探讨中国背景下英语学科核心素养的问题之前,需要正确认识学生核心素养总体框架与学科核心素养之间的关系,因为这一关系在核心素养的构建及其落实过程中至关重要。

相较于对学生核心素养总体框架的研究,专门针对学科核心素养的探讨较少,且涉及的学科较为局限,主要集中在数学与自然科学领域。然而,经合组织、欧盟、澳大利亚等多个国家、国际组织所提出的核心素养模型中,均提及利用语言和符号进行有效交流的能力,这一能力的培养很大程度上依赖于母语及外语学科的教学。随着全球化的不断深入,未来社会对人才的需求将更加注重国际化和跨文化交流的能力,涉及跨文化交际能力、全球视野、国际理解以及信息素养等,这些素养的培养与外语学习紧密相关。[②] 因此,外语学科核心素养的研究显得尤为重要,尤其是英语不仅是一种国际通用语言,还是我国一种重要的外语语种,对于英语学科核心素养的研究在整个外语学科素养研究领域中占据着重要地位。

学科核心素养以核心素养的达成为前提,还需充分融合学科自身的特性,发挥学科的独特优势,方能彰显其特有的价值与特色。[③] 在探讨英语学科核心素养时,同样需重视英语学科的独特性,以及英语学习对通用能力提升的促进作用。深入理解英语学科的育人价值,对于准确把握英语学科核心素养的内涵及其构成至关重要。依据核心素养的英语课程设计理念,需兼顾英语的工具性与人文性的双重维度。这意味着,在英语课程教学中,教师不仅要考虑学生应

---

① 核心素养研究课题组. 中国学生发展核心素养[J]. 中国教育学刊,2016,(10):1-3.
② 程晓堂. 关于当前英语教育政策调整的思考[J]. 课程. 教材. 教法,2014,34(05):58-64.
③ 常珊珊,李家清. 课程改革深化背景下的核心素养体系构建[J]. 课程. 教材. 教法,2015,35(09):29-35.

掌握哪些英语知识与技能，以及他们未来能运用英语完成哪些具体任务，还需关注学生在此过程中形成了哪些核心技能与必备品格。《普通高中英语课程标准（2017年版2020年修订）》中强调学科核心素养是学科育人价值的集中体现，是学生通过学科学习而逐渐形成的正确价值观、必备品格和关键能力。同时，将英语学科的核心素养凝练为语言能力、文化意识、思维品质和学习能力。①

（一）语言能力

语言能力是英语学科核心素养中的"核心"，主要是指在社会情境中借助语言进行理解与表达的能力。语言能力涵盖的范畴颇为广泛，不仅涉及传统意义上的听、说、读、写等基本技能，还涉及对语言知识的深入理解和灵活应用，以及语言意识与交际身份意识的构建等。具体而言，语言能力可细化为以下内容：①对英语及其学习价值的认知，包括对英语作为国际通用语言重要性的认识，理解英语学习的意义，以及洞察英语与文化、思维之间的内在联系。②对英语语言知识的掌握程度，特别是运用这些知识来构建和表达意义的能力，这是语言能力的关键组成部分。③对不同题材和体裁的英语口语及书面语篇的理解能力，这要求学习者能够准确把握各种语境下的语言特点。④通过英语口语和书面语进行表达的能力，这体现了语言作为交流工具的本质功能。⑤利用语言构建交际角色和人际关系的能力，这是语言在社交互动中发挥作用的重要体现，也是语言能力的高级表现形式。

（二）文化意识

在21世纪，国际理解力与跨文化交流能力已成为公民不可或缺的素养。掌握外语，尤其是英语，是促进国际理解与跨文化沟通的桥梁。然而，多数人将英语仅视为一种语言工具，知晓其在促进国际交流与跨文化对话中发挥作用，却忽视了学习英语过程本身对于增进国际视野及培养跨文化意识与能力的深远影响。英语学习涉及大量的口语语篇和书面语语篇，这些语篇为学生提供了接触英语国家社会现象与文化背景的窗口。

青少年阶段是个体情感态度与价值观形成的关键时期。在这一阶段，包含英语学科在内的各个学科的学习均对学生的情感态度与价值观塑造起着重要

---

① 中华人民共和国教育部.普通高中英语课程标准（2017年版2020年修订）[S].北京：人民教育出版社，2020：4.

作用。不同国家与民族拥有各自独特的情感态度与价值观，这些在语言及其使用中得以体现。在学习英语的过程中，学生能够深入了解其他民族的情感态度与价值观。

《普通高中英语课程标准（2017 年版 2020 年修订）》对文化意识做出以下界定：文化意识是指对中外文化的理解和对优秀文化的认同，是学生在全球化背景下表现出的跨文化认知、态度和行为取向。文化意识体现英语学科核心素养的价值取向。[①] 它不仅涵盖了对一些文化现象及其情感态度、价值观的了解，还涉及对英语语篇中所反映的文化传统与社会现象的评估、阐释、比较与归纳，进而形成个人的文化立场、态度、认同感及鉴别能力。

尽管文化意识在理解时显得有些抽象，但文化意识是可培养和可教育的。教育的核心在于引导学习者对所获取的信息进行深入思考，为不同的文化信念寻求合理的解释，从而丰富和完善个人的知识体系与信念系统。[②] 关于文化意识的更多内涵阐释将在本章第二节进行更深入的讨论。

（三）思维品质

语言与思维之间存在着极为紧密的联系。在语言的学习与运用过程中，思维扮演着至关重要的角色。同时，这一过程又能反过来推动思维能力的进一步发展，特别是学习并运用除母语外的其他语言，能够极大地丰富我们的思维方式，并进一步促进思维能力的提升。已有研究认为，课堂教学中的多种活动能够有效促进学习者思维能力的发展。例如，我国学者程晓堂基于英语语言的特点及其学习过程，探索了通过英语学习可以促进十种思维能力发展的可能性。[③]

作为英语学科核心素养的一部分，思维品质不等同于一般意义上的思维能力，而是特指与英语学习紧密相关的一系列思维特质。这些特质包括：深入理解英语概念性词汇的内涵与外延；将英语概念性词汇与现实生活相联系；根据提供的信息提炼事物的共同特征，并运用英语形成新概念，从而深化对世界的

---

① 中华人民共和国教育部. 普通高中英语课程标准（2017 年版 2020 年修订）［S］. 北京：人民教育出版社，2020：4.

② 刘利民. 跨文化交际的哲学理解与外语教学中的文化传授［J］. 语言教育，2016，4（01）：2 - 7.

③ 程晓堂. 英语学习对发展学生思维能力的作用［J］. 课程. 教材. 教法，2015，35（06）：73 - 79.

认知;基于所学的概念性英语词汇和表达句式,学会从多角度思考并解决问题。用英语进行理解和表达的过程,不仅有助于培养学生的通用思维能力,还有助于他们逐步习得英语使用者所特有或擅长的思维方式。

(四)学习能力

在 21 世纪,具备终身学习的意识和自主学习的能力已成为每个公民不可或缺的素养。对于中国学生来说,学习能力的培养尤为关键,而学习能力作为英语学科核心素养的一部分,不仅包括学习方法和策略,还涉及对英语及其学习的认知与态度,这涵盖了树立正确的学习观念、保持持久的兴趣、持有积极主动的学习态度和成就动机、设定清晰的学习目标,以及具备主动参与语言实践的意愿和习惯等方面。此外,学生不仅要运用学习方法和策略,还要能够监控学习方法的使用情况,评估其效果,并根据实际需求灵活调整学习策略与方法。

新版英语课程标准将"学习策略"这一概念升级为"学习能力",进一步强调了学会学习的重要性。学生在学习与使用英语的过程中,不仅要善于运用学习策略,更要致力于培养学习英语的能力,从而为自主学习与持续学习奠定坚实基础。通过学习方式的转变,学生能够更有效地掌握英语,为未来的职业发展和个人成长打下坚实的基础。

核心素养理念的提出,标志着我国教育改革积极响应全球教育发展趋势,也为新时代背景下的教育改革指明了方向。本节中对核心素养与英语学科核心素养进行了探讨,为进一步理解核心素养与育人目标之间的关系奠定了重要基础。在核心素养视域下规划与实施高中英语课程,将是我国英语教育改革的一个重要转折点,具有里程碑式的意义。同时,在实现育人目标的过程中也有赖于广大一线教师共同为基于核心素养的英语教育教学改革贡献智慧与力量。

第二节　文化与文化意识

对文化意识的深入研究应从全面理解"文化"这一概念着手。文化在个体、社会和文明的发展中扮演着重要角色,该词的内涵随着人类社会的进展和变迁持续演化与丰富。

一、文化的概念

英语中的 culture(文化)一词来自拉丁语"cultura",作名词表示农作物或动物的耕种、培育等过程。① 古罗马时期,西塞罗(Cicero)创造性地引入"cultura mentis"(耕耘智慧)以及"cultura animi philosophia"(哲学是对心灵的教化)的说法,赋予了该词哲学隐喻。② 而中世纪时,culture 的内涵集中体现在和教会相关的艺术、文学等表达形式。随着文艺复兴弘扬的人文主义精神席卷欧洲,culture 的具体表现形式转变为以人为中心,肯定人的尊严和价值。生产力的不断发展进一步推动人们思想的解放,促进该词内涵不断丰富,在 18 世纪的法语中,culture 逐渐指训练和修炼心智、思想的结果和状态,体现出理性思潮的影响。③

之后,culture 的概念日益复杂化:一方面,爱德华·泰勒(Edward Tylor)被视为文化研究的先驱之一。1871 年,他在其著作《原始文化》中将文化定义为"包括知识、信仰、艺术、道德、法律、风俗以及作为社会成员的人所获得的能力与习惯的复杂整体",④扩大了文化精神层次的覆盖面。另一方面,马克思认为文化是人类在劳动中创造的,社会的物质基础决定文化产出,而这些社会意识的反映反之也会影响社会变革,⑤这个辩证统一的观点凸显出文化是人创造出的物质财富和精神财富总和的概念。

不同于西方偏向于指代人文之静态的客观存在,"文化"一词最初在中国用作动词:"文"字本意指色彩交错的纹理,而"化"则有变化、造化之意。⑥ "文"与"化"并联使用,较早见于《易经·贲卦》:"观乎人文,以化成天下。"⑦"人文"即

---

① 中共中央党校科学社会主义教研室.《文明和文化——国外百科辞书条目选译》[M]. 北京:求实出版社,1982:133.
② 吴晓明. 论不同的文明类型及其哲学定向[J]. 天津社会科学,2021(05):4-19.
③ 彭南生. 工业文化研究的几个基本问题[J]. 华中师范大学学报(人文社会科学版),2022,61(06):38-48.
④ TYLOR E B. Primitive Culture: Researches into the development of mythology, philosophy, religion, language, art, and custom [M]. London: John Murray, 1871:23-35.
⑤ 朱喆,操奇. 马克思主义哲学中的文化发展概念[J]. 哲学研究,2014,(02):24-29.
⑥ 李建永. 文化在哪里? [EB/OL]. (2013-3-12)[2024-11-10]. http://culture. people. com. cn/n/2013/0312/c87423-20757607. html.
⑦ 生安锋. 文化共同体与世界文学研究[EB/OL]. (2013-4-3)[2024-11-8]. https:// www. tsinghua. edu. cn/info/1662/102541. htm.

人与人之间纵横交织的关系,此处"人文"与"化成天下"紧密联系,指通过观察研究社会关系,了解掌握其规律,使天下人都能遵从文明礼仪。西汉刘向将"文"与"化"连为一词,《说苑·指武》中有"凡武之兴,为不服也;文化不改,然后加诛"一说,意在表示以"文"的方式感化敌人。这个"以文化人"的意义一直从两汉沿用至明朝。

清末民初,西方意识形态对中国传统思想产生剧烈冲击,"文化"一词的含义开始与英语中的"culture"趋同,涵盖与经济、政治等相关的意识形态。其中,马克思主义的影响最为深远,基于其文化思想,我国有学者将"文化"概念总结成为"人类在社会历史实践过程中所创造的物质财富和精神财富的总和",这一定义沿用至今。① 党的十八大以来,习近平总书记基于中国国情和实践经验,在新时代文化建设方面提出了新思想、新观点、新论断,不断丰富、发展了马克思主义文化理论。②

此外,国内外学者对文化概念的探讨涉及人类学、社会学、文化研究、哲学等多个学科。例如,从社会学视角来看,埃米尔·涂尔干(Émile Durkheim)将文化视为社会事实,是"外部约束个体的集体信仰和实践"。③ 马克斯·韦伯(Max Weber)则强调文化的价值观念和意义系统对社会行动的影响,认为文化是"人类赋予事物的意义和目的的网络"。法国著名社会学家皮埃尔·布迪厄(Pierre Bourdieu)则更为关注文化在社会不平等与权利结构中的作用,进而提出了文化资本理论。我国著名学者费孝通认为"文化是依赖象征体系和个人的记忆而维护着的社会共同经验"。从哲学视角来看,尤尔根·哈贝马斯(Jürgen Habermas)提到"交往行为模式把语言看作一种达成全面沟通的媒介。在沟通过程中,言语者和听众同时从他们的生活世界出发,与客观世界、社会世界以及主观世界发生关联,以求进入一个共同的语境",也就是说,个体在沟通过程中不断地明确和调整自我认知,体现出文化参与自我认同建构。④ 从文

---

① 郭湛. 大文化观念:一种理解和行为的依据[J]. 世纪论评,1998(01):11-14.

② 汪亭友. 深入学习领会习近平总书记关于文化建设的新思想新观点新论断[EB/OL]. (2023-8-18)[2024-11-12]. http://www.npc.gov.cn/npc/c2/c30834/202308/t20230818_431034.html.

③ DURKHEIM É. The Elementary Forms of Religious Life [M]. London: Allen & Unwin, 1912:12-45.

④ HABERMAS J. The Theory of Communicative Action [M]. Boston: Beacon Press, 1984:14-27.

化与跨文化的视角看，一些学者侧重于关注不同文化之间的互动和影响，探讨文化适应和文化身份在全球化背景下的复杂性。① 文化研究者强调文化的动态性和多样性，认为文化是一个不断变化的过程，涉及意义的生产与再现。也有部分研究者认为文化是一个多维度、多层次的现象，包括物质文化、非物质文化、传统文化、流行文化等多个层面，应该整合不同的学科视角来分析。

　　从上述的分析中可以看到文化是一个不断发展且变化的概念，不同研究对文化内涵的讨论均存在差异。因此，对于文化一词概念和内涵的界定，应基于中国社会和全球视野，考虑其在人类发展中的作用和影响，以及其在全球化时代的重要性和相关性。本书将"文化"定义为：一个社会或社群所特有的精神、物质、智力和情感等属性的综合体现，涵盖该社会所有的生活形式，并对社会中人群的行为产生影响的复杂整体。换言之，文化既是"人化"的成果，也应具有"化人"之功能，是辩证统一的。

二、文化意识的概念

　　文化意识是一个十分宽泛的概念，不同领域对其有着不同的解释，本书主要是在语言学尤其是外语教学的范畴内探讨文化意识的含义。

　　在语言学领域，文化意识的内涵侧重于认知和思维层面。有学者认为，文化意识包括对语言和文化之间关系的理解，以及对语言在文化中使用方式的理解。② 语言不仅是传达信息的工具，还是文化的载体，反映出一个社会的价值观、信仰和习俗。因此，理解特定的文化语境对于准确解读语言意义至关重要。所谓特定文化语境，包括自身的母语文化背景和全球多元文化背景两个方面。国外学者贝内特（Bennett）的跨文化敏感度发展模型指出，"文化意识是从文化的自我认知阶段发展到对文化差异的接受和适应"，这种认识不仅仅是对表面文化符号的理解，更是对深层文化结构的洞察。③ 换言之，学习者需要认识并

① KIM Y Y. Becoming intercultural: an integrative theory of communication and cross-cultural adaptation [M]. Thousand Oaks: Sage Publications, 2001:34 - 55.
② KNOWLES M, KRAMSCH C. Context and Culture in Language Teaching [J]. Modern Language Journal, 1993,79(4):56 - 59.
③ PAIGE, R M. Education for the Intercultural Experience [M]. Yarmouth, ME: Intercultural Press, 1993:21 - 71.

深入理解自己母语文化的背景知识,同时也需知晓目标语文化的社会规约、价值观、信念,①能够识别和欣赏不同文化的特质及价值,理解、接受其他文化成员的行为和信念背后的文化因素,从而促进个体在全球化背景下的跨文化交流和合作,实现有效沟通。②

　　而在外语教学方面,文化意识这一概念更强调以文化知识为基础的思维活动、情感态度和行为表征。国外学者迈克尔·拜拉姆提出的跨文化能力模型(Intercultural Communicative Competence)将文化意识视为外语教学的核心组成部分之一。该模型包括五个维度:态度(Attitudes)、知识(Knowledge)、解释与关系技能(Skills of Interpreting and Relating)、发现与互动技能(Skills of Discovery and Interaction),以及关键的文化意识(Critical Cultural Awareness),其中"关键的文化意识"强调对自身文化和目标文化的批判性理解和反思,是思维活动层面的要求。③ 我国学者张丽丽等人也强调,文化意识就是学习者能够整体理解目的语所处的社会文化,对于与本国文化不同或冲突的文化现象及风俗习惯等问题有全面且正确的理解,并能够以此为基础,用包容的态度去接受和适应,这是在情感价值方面的体现和要求。④ 同时,学生应在学习语言技能的基础上,积极参与跨文化交流等实践活动,形成对目标语言文化的深刻理解,并通过不断培养和优化文化行为等多方面的内容,培养跨文化交际能力。⑤ 高一虹认为,文化意识涉及对自身文化价值与特性的深刻领悟,以及对多元文化差异性的认识与接纳能力。⑥ 谭文厚则进一步阐释,文化意识不仅体现在对不同文化差异的宽容态度与对多元文化成员的深入理解上,还涵盖了对自我文化价值观念及行为模式的深刻感悟。这种意识有助于我们

---

① 张安德,张翔. 论外语教学的文化意识培养与文化导入[J]. 外语与外语教学,2002(06): 25 - 27.

② TOMALIN B, Stempleski S. Cultural awareness [M]. Oxford University Press, 1993: 23 - 78.

③ MICHAEL B. Teaching and Assessing Intercultural Communicative Competence: Revisited [M]. Bristol, Blue Ridge Summit: Multilingual Matters, 2021:35 - 89.

④ 张丽丽,陈葵阳. 新课改背景下的职教英语课程评价研究[J]. 安徽科技学院学报,2009,23 (05):54 - 59.

⑤ 程晓堂,赵思奇.英语学科核心素养的实质内涵[J]. 课程. 教材. 教法,2016,36(05):79 - 86.

⑥ 高一虹.语言文化差异的认识与超越[M].北京外语教学与研究出版社,2000:63 - 64.

更有效地处理文化知识,促进在跨文化交际活动中实现灵活而有效的沟通。[①]

综上所述,本书将文化意识的本质属性提炼为个体对自己所处文化环境的认知、理解和思考,包括:对母语文化和目的语文化的学习,涵盖语言、历史地理、风土人情、传统习俗、生活方式、文学艺术、行为规范、价值观念等文化知识的认知;对不同文化的理解和对优秀文化的鉴赏;对跨文化现象背后的批判性思考。认知、理解、思考这三个维度相互作用,综合起来指导个体的行为,从而实现对人格的重塑和提升。通过培养文化意识,个体不仅能够更好地适应多元文化环境,还能在跨文化交际中表现出更高的文化敏感性和适应力。

而在基于文化定义和文化意识内涵在英语教学中进行文化意识的培养时,笔者也有三方面的考量:第一,文化在不同历史时期、不同地区的内涵不同,应当关注文化的延续性;第二,在全球化日益深化的当代社会,应当考虑多类型文化的多元共生性;第三,应当重视中华民族现代文明的历史逻辑,即看到中国传统文化的自我发展和传统文化现代化的时代发展的过程。

第三节　英语学科育人目标与文化意识培养

一、英语学科的育人目标

学科的育人价值,在于其课程内容不仅局限于传授学科知识及技能,更致力于促进学生心智能力、情感态度、思想品德以及社会责任等多维度的发展。在基础教育阶段,每一门学科都蕴含独特的育人价值,英语学科自然也在其中发挥着不可或缺的作用。英语在促进经济、文化、科学技术、国家安全以及对外交流与合作等领域具有重要意义。同时,英语也是我们获取科学文化知识的重要途径。然而,若仅仅将英语学科及其课程的价值局限于作为交流工具这一层面,从学理角度来看,显然是片面的。[②] 实际上,基础教育的英语学科,除了培养学生掌握英语这一交流工具外,还承载着多重的育人价值。例如,有学者认为英语学习对学生的认知能力发展具有积极作用,能够帮助学生习得另外一种

---

① 谭文厚.高中英语教学中文化意识核心素养的养成策略[J].课程教育研究,2018(25):125-126.

② 程晓堂.关于当前英语教育政策调整的思考[J].课程.教材.教法,2014,34(05):58-64.

认知思维。① 英语学习的过程既是接触其他文化的过程，也是形成跨文化理解意识与发展跨文化交际能力的重要途径。②

英语学科的育人目标既要遵循党的教育方针、落实立德树人的根本任务，又要体现英语学科的独特性。《普通高中英语课程标准（2017 年版 2020 年修订）》明确指出，英语课程的育人总目标是"培育具有中国情怀、国际视野和跨文化沟通能力的社会主义建设者和接班人"。③ 为实现这一育人目标，英语学科核心素养发挥着关键的引领作用，学科核心素养是学科育人目标的集中体现。在核心素养视域下英语学科育人目标的落实，需要精心选择课程目标、设计课程内容、优化教学方式以及改革评价体系，将"教—学—评"三者有机结合，共同服务于育人目标。英语，作为一种国际交流的语言工具，不仅是英语国家与非英语国家之间传递思想与文化的桥梁，也是培养跨文化意识的工具。文化意识作为英语学科核心素养的四大维度之一，彰显出人类命运共同体与立德树人的育人取向。因此，英语学科核心素养除了强调语言能力和学习能力的重要性，还特别注重文化品格与思维品质的培养，这体现了英语学科注重工具性与人文性的统一，致力于培养既精通语言又具备深厚人文素养的复合型人才。

二、文化意识的培养

围绕英语学科的育人目标，培养学生的文化意识成为重要内容。文化意识培养目标的达成主要依托学科教学的有效实施，其中，知识、能力以及思维方法构成了学科的三大核心要素。④ 在此基础上，文化意识的内涵丰富且多维，具体涵盖三个不可或缺的层面。其一是文化知识层面，它是学生深入理解文化内涵、有效汲取文化精髓，进而坚定文化自信的重要基石。这一文化知识不仅广泛涉及中外物质文化的精髓，还深刻触及精神文化的深层次内核。其二是文化

① 龚亚夫.英语教育的价值与基础英语教育的改革[J].外国语（上海外国语大学学报），2014,37(06):18-19.
② 程晓堂,赵思奇.英语学科核心素养的实质内涵[J].课程.教材.教法,2016,36(05):79-86.
③ 中华人民共和国教育部.普通高中英语课程标准（2017 年版 2020 年修订）[S].北京：人民教育出版社,2020:5.
④ 李松林,杨静.基于学科思想方法的整合性教学研究[J].中国教育学刊,2011(01):43-46.

能力层面,它是在学生扎实掌握文化知识之后,经由内化与外化过程而形成的更高层次的能力,它超越了传统意义上的跨文化交际能力范畴。[①] 具体而言,文化能力不仅体现在能够准确解释英语中的文化现象、有效参与跨文化沟通方面,也体现在能够对不同文化现象进行深刻阐述与理性评价,以及在此基础上逐渐形成的同理心与批判性思维能力。这种能力促使学生不仅成为文化的传承者,更能成为文化的批判者与创新者。其三是文化思维层面,这一层面则深刻地体现了文化意识与思维品质的深度融合。一方面,学生在面对文化差异时,能够运用其独特的思考与分析能力,形成自己的批判性思考。这种理解不仅限于对文化现象的表象认知,而是深入探究其背后的原因、意义及影响,从而展现出一种超越表面的洞察力。另一方面,学生对自身熟知的本国文化现象进行重新理解与阐释,这一过程不仅是对传统文化的再认识,更是对文化精髓的深入挖掘与传承。通过这种重新阐释,学生能够以更加包容和开放的态度看待世界多元文化,不再局限于自身的文化视野,而是能够基于全球文化的广阔视野,审视并接纳不同文化的独特魅力。同时,文化思维还鼓励学生勇于审视自身的文化观念,敢于挑战传统认知,以批判性的眼光看待文化现象。这种审视与批判不仅有助于培养学生的独立思考能力,而且能激发他们的创新精神,推动文化的不断发展与进步。最终,通过文化思维的培养,学科教育得以充分发挥其育人作用,不仅帮助学生坚定文化自信,而且能够让他们以更加自信的姿态讲好中国故事,向世界展示中华文化的独特魅力与深厚底蕴。

通过上述分析可知,学生的文化意识可以从文化知识、文化能力以及文化思维三个维度进行理解。相应地,文化意识的培养也可以围绕这些维度展开。例如,教师应主动挖掘文化元素,将隐形的文化意识与显性的知识与技能有机结合,而不只是将文化知识以学习语言知识的背景材料进行简单涉及。[②] 在培养学生的文化能力时,教师可以充分整合资源进行体验导向的活动设计,将文化情景真实化,让学生主动参与,感受不同文化的差异,获得文化体验。同时,文化意识的培养是一个持续且深入的过程,它不仅仅是对各种文化现象的了解和记忆,更重要的是要引导学生具备一种开放、包容和尊重的心态去面对文化

---

① 程晓堂,赵思奇. 英语学科核心素养的实质内涵[J]. 课程. 教材. 教法,2016,36(05):79 - 86.

② 武和平. 作为核心素养的文化意识培养及文化教学[J]. 英语学习,2015,(12):12 - 14.

多样性。这意味着,在面对不同的文化时,不应该急于让学生做出价值判断,而应尝试引导学生去理解其背后的历史、社会和文化背景,从而避免以偏概全或产生刻板印象。① 教师在英语教学中可以采用多种方法来培养学生的文化敏感性,引导学生从他人的文化视角去理解和解释现象,打破自身的思维定式,同时帮助学生在跨文化交际中建立起情感连接。这不仅是减少误解和冲突,促进有效沟通的基础,更是建立人与人之间深层次联系的基础,有助于促进不同文化之间的和谐共处与共同发展。

综上所述,英语教学中对学生文化意识的培养不应止步于对文化现象的感知与识记,而应深入对文化多样性的尊重与理解、对个体差异的关注与尊重以及情感链接的建立与深化等方面,从而为学生的跨文化交际能力奠定基础,让他们在未来的国际舞台上更加自信和从容。

---

① 李战子,刘博怡. 后疫情时代的跨文化交流课程建设[J]. 外语教育研究前沿,2021,4(04):64 - 69.

第三章

课程改革与新课标导向

　　开展高中阶段英语学科中文化意识的培养,不仅需要明确的概念和范围,也需以高中英语课程标准为指导和引领。本章节梳理了历年高中英语课程标准中关于文化意识的具体定义、文化知识、培养要求等内容,以从中获取对教学研究的启示。

第一节　历年课程标准中关于文化意识的定义及目标

一、《普通高中英语课程标准(实验)》中关于文化意识的内容

(一)《普通高中英语课程标准(实验)》中关于文化意识的定义

　　2003 年发布的《普通高中英语课程标准(实验)》将英语教学中的文化概念界定为"英语国家的历史、地理、风土人情、传统习俗、生活方式、文学艺术、行为规范和价值观念等",并明确指出,接触和了解英语国家的文化有利于对英语的理解和使用,有利于加深对本国文化的理解与认识,有利于培养世界意识,有利于形成跨文化交际能力。简言之,作为培养学生综合语言语用能力的基础之一,文化意识包含"文化知识、文化理解、跨文化交际意识和能力",是得体运用语言的保障,如图 3 - 1 所示。

(二)《普通高中英语课程标准(实验)》中关于文化意识的培养目标

　　基于这一文化定义与文化意识的内涵,2003 版课标对文化意识的培养提出如下要求:教师应根据学生的年龄特点和认知能力,逐步扩展文化知识的内容和范围。教学中涉及的有关英语国家的文化知识应与学生的日常生活、知识

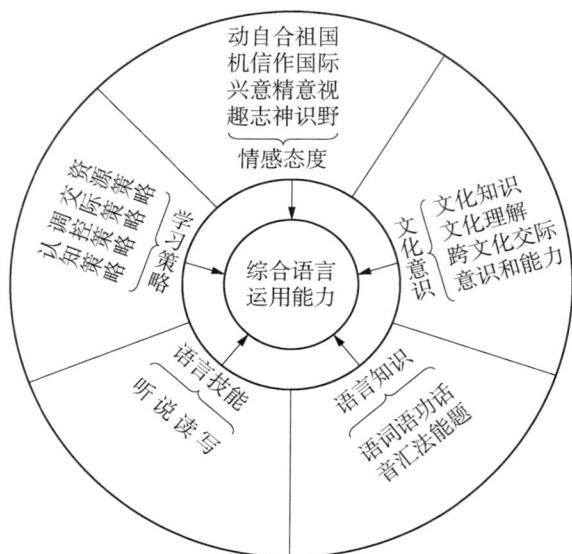

图 3-1　综合语言运用能力的构成

结构和认知水平等密切相关,并能激发学生学习英语文化的兴趣。要扩大学生接触异国文化的范围,帮助学生拓宽视野,提高对中外文化异同的敏感性和鉴别能力,为发展跨文化交际能力打下良好的基础。这版课标中对具体文化意识目标描述如表 3-1。

表 3-1　文化意识目标(七级、八级)

级别	目 标 描 述
七级	1. 理解英语中的常用成语和俗语及其文化内涵; 2. 理解英语交际中的常用典故或传说; 3. 了解英语国家主要的文学家、艺术家、科学家、政治家的成就、贡献等; 4. 初步了解主要英语国家的政治和经济等方面的情况; 5. 了解英语国家中主要大众传播媒体的情况; 6. 了解主要英语国家人们与中国人生活方式的异同; 7. 了解英语国家人们在行为举止和待人接物等方面与中国人的异同; 8. 了解英语国家的主要宗教传统; 9. 通过学习英语了解世界文化,培养世界意识; 10. 通过中外文化对比,加深对中国文化的理解。

(续表)

级别	目　标　描　述
八级	1. 初步了解英语语言与英语国家文化的关系(例如:有些词汇或表达方法与文化背景的关系); 2. 在使用英语的过程中,能发现隐含在语言中的对他国文化的态度(例如:文化崇拜或文化歧视); 3. 对英语和英语国家的人民及其文化传统有比较客观和公平的认识; 4. 了解英语国家最突出的文化特色; 5. 初步了解主要英语国家重要(历史)文化现象的渊源; 6. 初步了解英语国家文化在日常生活和人们价值观中的体现。

二、《普通高中英语课程标准(2017年版2020年修订)》中关于文化意识的内容

(一)《普通高中英语课程标准(2017年版2020年修订)》中关于文化意识的定义

在2017年出版2020年修订的《普通高中英语课程标准》(以下简称"新课标")中,文化意识被列为英语学科的四个核心素养之一,其培养和发展是普通高中英语课程的具体目标。新课标将文化意识界定为"对中外文化的理解和对优秀文化的认同,是学生在全球化背景下表现出的跨文化认知、态度和行为取向",这在一定程度上融合了2003版课标的课程目标中文化意识和情感态度两个方面的内容,内涵更为丰富。

(二)《普通高中英语课程标准(2017年版2020年修订)》关于文化意识的培养目标

新课标中提出,经过本课程的学习,学生应能达到本学段英语课程标准所设定的文化意识发展目标:获得文化知识,理解文化内涵,比较文化异同,汲取文化精华,形成正确的价值观,坚定文化自信,形成自尊、自信、自强的良好品格,具备一定的跨文化沟通和传播中华文化的能力。

可以发现,2003版课标和新课标的文化意识目标中都包含学习文化知识、理解文化内涵、进行跨文化沟通交流,但2003版课标更侧重对英语国家文化知识的学习和认知,新课标则超越知识层面,提出新的文化史观,强调学习文化知识的功能和目的。新的发展目标深刻体现出学科育人、知行合一的特点,要求学生在文化知识积累的基础上,深度理解其精神内涵,并将优秀文化进一步内

化为个人的意识和品行,实现内化于心、外化于行。文化知识学习和文化意识培育之间直接关联,能够使得立德树人有效转化,并且得以落实。

基于总目标,新课标中的英语学科核心素养水平划分明确描述了不同层级文化意识的具体表现,具体如表 3-2。

表 3-2　新课标关于文化意识的水平划分

素养级别	素养:文化意识
一级	能够在明确的情境中根据直接提示找出文化信息;有兴趣和意愿了解并比较具有文化多样性的活动和事物;感知中外文化的差异,初步形成跨文化意识,通过中外文化对比,加深对中国文化的理解,坚定文化自信;了解中外优秀文化,形成正确的价值观;感知所学内容的语言美和意蕴美;能够用所学的英语简单介绍中外文化现象。
二级	能够选择合适的方式方法在课堂等现实情境中获取文化信息;具有足够的文化知识为中外文化的异同提供可能的解释,并结合实际情况进行分析和比较;提高跨文化意识,在进行跨文化交流时,能够注意到彼此之间的文化差异,运用基本的跨文化交际策略;尊重和理解文化的多样性,具有国际视野,进一步坚定文化自信;感悟中外优秀文化的精神内涵,树立正确的价值观;理解和欣赏所学内容的语言美和意蕴美;有传播中国特色社会主义文化的意识,能够用所学的英语描述、比较中外文化现象。
三级	能够运用多种方式方法在真实生活情境中获取文化信息;基于对中外文化差异和融通的理解与思考,探究产生异同的历史文化原因;具有跨文化意识,能够以尊重文化多样性的方式调适交际策略;领悟世界文化的多样性和丰富性,具有人类命运共同体的意识;分析、鉴别文化现象所反映的价值取向,自觉坚定文化自信;汲取优秀文化,具有正确的价值观、健康的审美情趣和道德情感;能够用所学的英语讲述中国故事,描述、阐释中外文化现象。

文化意识水平划分的依据是个体所能应对的不同结构化程度的任务情境和不同的表现特征。

就情境而言,有简单良好结构情境、复杂良好结构情境,或者简单不良结构情境、复杂不良结构情境。在良好的情境结构中,问题有唯一正确的解决途径;在不良结构情境中,由于规则和条件不明确,问题具有很大的不确定性;而真实的现实情境往往是不良结构情境。例如,新课标的文化意识中关于获取文化信息的三个级别就指向三种情境,一级是"在明确的情境中根据直接提示找出文化信息",二级是"选择合适的方式方法在课堂等现实情境中获取文化信息",三级是"运用多种方式方法在真实生活情境中获取文化信息",这三者分别对应极为简化的现实情境、简化的现实情境以及真实的现实情境。

由于学习是个体与情境持续互动中不断解决问题和创生意义的过程,情境的复杂程度不同,学习方式也相应地有所不同。以掌握中外文化知识为例,一级立足于学生获取知识的兴趣和意愿,对掌握知识的多少和程度不提具体要求——"有兴趣和意愿了解并比较具有文化多样性的活动和事物";二级立足于能力发展,对知识掌握提出明确的、更高的要求,需要"具有足够的文化知识为中外文化的异同提供可能的解释,并结合实际情况进行分析和比较";而三级则综合思维能力和文化素养,要求学生能够用演绎和归纳的方式整合知识,在更高的抽象层次上进行概括,并推广到没有经历过的陌生复杂情境中——"基于对中外文化差异和融通的理解与思考,探究产生异同的历史文化原因"。

不同的学习方式所对应的对学生行为表征的影响和要求也不一样,这在素养水平划分中由逐渐具体化、深化的语言体现出来。就中外优秀文化而言,"了解中外优秀文化""感悟中外优秀文化的精神内涵""汲取优秀文化"就表现为三个逐渐深入的层次;而对所学内容的语言美和意蕴美从"感知"到"理解和欣赏"再到"审美情趣",也是一个逐步提升和深化的过程。在传播中华优秀文化的能力这一行为表现方面,文化意识水平划分也呈现出不同的发展水平,从能够用所学的英语"简单介绍"到"描述、比较",再到"描述、阐释",学生对中华优秀文化的了解逐渐深入内化,更体现出对学生语言能力、思维品质等方面的要求;而指向对象除了"中外文化现象",在二、三级水平还分别涉及"中国特色社会主义文化"和"中国故事",具有较高的现实性和具体化程度,级别的递进描述了英语学科能力的质性差异。

由此可见,文化意识各级别的具体内容是根据学生的参与程度以及在学科素养上的质性变化而发展的特点来确定的。

第二节　新课标中关于文化知识的具体内容

新课标指出,文化知识包含中外文化知识,是学生在语言学习活动中理解文化内涵、比较文化异同、汲取文化精华、坚定文化自信的基础。掌握充分的中外多元文化知识,认同优秀文化,有助于促进英语学科核心素养的形成和发展。文化知识具体内容要求如表3-3。

表3-3   新课标中关于文化知识的内容要求

课程类别	文化知识内容要求
必修	1. 了解英美等国家的主要传统节日及其历史与现实意义；比较中外传统节日的异同，探讨中外传统节日对文化认同、文化传承的价值和意义； 2. 了解英美等国家的主要习俗；对比中国的主要习俗，尊重和包容文化的多样性； 3. 了解英美等国家主流体育运动，感悟中外体育精神的共同诉求； 4. 了解英美等国家主要的文学家、艺术家、科学家、政治家及其成就、贡献等，学习和借鉴人类文明的优秀成果； 5. 发现并理解语篇中包含的不同文化元素，理解其中的寓意； 6. 理解常用英语成语和俗语的文化内涵；对比英汉语中常用成语和俗语的表达方式，感悟语言和文化的密切关系； 7. 在学习活动中初步感知和体验英语语言的美； 8. 了解英美等国家人们在行为举止和待人接物等方面与中国人的异同，得体处理差异，自信大方，实现有效沟通； 9. 学习并初步运用英语介绍中国传统节日和中华优秀传统文化（如京剧、文学、绘画、园林、武术、饮食文化等），具有传播中华优秀传统文化的意识。
选择性必修	1. 了解英美等国家地理概况、旅游资源（自然及人文景观、代表性动植物、世界文化遗产等），加深对人与自然的关系的理解； 2. 了解英美等国家政治和经济等方面情况的基本知识；比较中外差异，认同人类共同发展的理念； 3. 理解常用英语典故和传说；比较汉语中相似的典故和传说，分析异同，理解不同的表达方式所代表的文化内涵； 4. 了解常用英语词语表达方式的文化背景；对比汉语词语相似的表达方式，丰富历史文化知识，从跨文化角度认识词语的深层含义； 5. 在学习活动中理解和欣赏英语语言表达形式（如韵律等）的美； 6. 理解和欣赏部分英语优秀文学作品（戏剧、诗歌、小说等）；从作品的意蕴美中获得积极的人生态度和价值观启示； 7. 通过比较、分析、思考，区分和鉴别语篇包含或反映的社会文化现象，并作出正确的价值判断； 8. 了解英美等国家主要大众传播媒体，分析辨别其价值取向； 9. 了解中外文化的差异与融通，在跨文化交际中初步体现交际的得体性和有效性； 10. 使用英语简述中华文化基本知识，包括中华传统节日、中华优秀传统文化的表现形式（如京剧、文学、绘画、园林、武术、饮食文化等）及其内涵，主动传播和弘扬中华优秀传统文化。
选修（提高类）	1. 了解英美等国家的主要文化特色，吸收国外的优秀文化成果； 2. 了解世界重要历史文化现象的渊源，认识人类发展的相互依赖性和共同价值，树立人类命运共同体意识； 3. 了解英美等国家对外关系特别是对华关系的历史和现状，加深对祖国的热爱，捍卫国家尊严和利益；

（续表）

课程类别	文化知识内容要求
选修 （提高类）	4. 理解和欣赏经典演讲、文学名著、名人传记等，感悟其精神内涵，反思自己的人生成长； 5. 在学习活动中观察和赏析语篇包含的审美元素（形式、意蕴等），获得审美体验，形成对语言和事物的审美感知能力； 6. 运用中外典故和有代表性的文化标志表达意义和态度，有效进行跨文化沟通； 7. 了解中国对外经济、政治、文化的积极影响，感悟中华文明在世界历史中的重要地位，树立中华文化自觉，坚定文化自信。

文化知识内容要求按必修、选择性必修和选修（提高类）三类课程分别提出要求，体现出文化知识的积累过程，反映对文化知识理解与感悟的深化，有利于分级实施和评价设计。

新课标中指出了文化知识教学的演进与融合过程，即感知中外文化知识——分析与比较；认同优秀文化——赏析与汲取；加深文化理解——认知与内化；形成文明素养——行为与表征。由此可见，通过文化知识教学，学生的文化意识能够得以形成和发展。这是一个内化于心、外化于行的过程，学生逐渐积累文化知识、深入理解其精神内涵，并将其内化为个人的意识和品行。

第三节　新课标中与文化意识有关的学业质量水平要求

新课标以核心素养为基础，结合高中英语课程的内容以及高中学生英语学习的进阶情况，制定了学业质量标准，分级描述了高中学生在特定问题情境中运用英语解决问题的能力和表现。其中关于文化意识培养的描述如表3-4。

表3-4　《新课标》中与文化意识培养相关的学业质量水平要求（节选）

水平	序号	质量描述
一	1-1	在听的过程中，能抓住日常生活语篇的大意，获取主要事实、观点和文化背景。
	1-5	能口头介绍中外主要节日等中外文化传统和文化背景。
	1-9	能通过读与看，抓住日常生活语篇的大意，获取其中的主要信息、观点和文化背景。

（续表）

水平	序号	质 量 描 述
一	1-12	能识别语篇直接陈述的情感态度、价值观和社会文化现象。
	1-13	能以书面形式介绍中外主要节日和中华优秀传统文化。
二	2-1	在听的过程中，能抓住熟悉话题语篇的大意，获取其中的主要信息、观点和文化背景。
	2-5	根据交际场合的正式程度和行事程序，选择正式或非正式、直接或委婉的语言形式表达道歉、请求、祝愿、建议、拒绝、接受等，体现文化理解，达到预期交际效果。
	2-7	能在表达中借助语言建构交际角色，体现跨文化意识和情感态度。
	2-8	能判断和识别书面语篇的意图，获取其中的重要信息和观点；能识别语篇中的主要事实与观点之间的逻辑关系，理解语篇反映的文化背景；能推断语篇中的隐含意义。
	2-11	能在语境中理解具体词语的功能、词语的内涵和外延以及使用者的意图和态度；能理解语篇中特定语言的使用意图以及语言在反映情感态度和价值观中所起的作用。
	2-12	能根据所学概念性词语，从不同角度思考和认识周围世界；能识别语篇间接反映或隐含的社会文化现象。
三	3-1	能通过听，抓住较为复杂的口语语篇的大意，理解其中的主要信息、观点和文化背景。
	3-6	根据社会交往场合的正式程度、行事程序以及与交际对象的情感距离，选择正式或非正式、直接或委婉的语言形式恰当地交流和表达态度、情感和观点，体现文化理解，达到预期交际效果。
	3-9	能阐释和评价语篇所反映的情感、态度和价值观；能根据语篇中的事实进行逻辑推理；能辨别并推论语篇中隐含的观点；能分辨语篇中的冗余信息。
	3-12	理解和欣赏经典演讲、文学名著、名人传记、电影、电视等，分析评价语篇所包含的审美元素。

　　表3-4从听、说、读、写、看等多个维度，分层次地对文化意识培养的质量水平进行了详细描述。从一级到三级，学生的文化理解与交际能力从基础性的认知逐步发展到情境化应用，再到深入地分析与鉴赏，展现出逐步递进的培养模式。

　　由此可见，文化意识的发展是一个循序渐进的过程，随着情境复杂程度的增加，学生在获取、分析和运用文化信息的能力上应当逐步提升，从而在文化自信、跨文化交际和对文化多样性的理解上实现更高的具体化、现实化目标。这种系统化的培养方式,有助于学生在全球化背景下形成宽广的文化视野和较强的跨文化交际能力,适应现代社会对综合素质的要求。

第四节　新课标对开展文化意识培养教学研究的启示

　　基于文化意识发展目标、素养水平划分、学业质量水平要求等,新课标对教师围绕文化知识开展教学提出了相应的建议:一是结合教材各单元内容,有意识地帮助学生了解英美等国家文化背景知识,理解、分析、讨论语篇所承载的文化内涵和价值取向;二是针对教材中出现的与文化习俗相关的习语或成语等,提供背景资料,设计相关情境,进行巩固性、交际性操练;三是在学习中遇到英美等国家主要传统节日、著名人物的纪念日、重要事件纪念日、近期重要事件等时,可向学生推荐相关的专题阅读材料,并组织丰富多样的活动让学生感受和体验有关的文化习俗,同时引导学生正确对待不同文化,防止盲目效仿;四是结合课外阅读,创造文化环境,开展主题演讲、文化专题作文比赛、英语诗歌朗诵比赛、知识竞赛、英语戏剧演出、英语歌曲演唱等活动;五是根据条件适当开展中外学校、学生之间的共建和联谊活动,一方面可从中外交流中直接获得文化知识,另一方面也能促进英语语言技能的提升和跨文化沟通能力的有效发展。此外,教师也可以开设校本课程、进行文化专题教学。这些建议不仅注重文化知识的传授,更强调通过多种方式和渠道,将文化意识培养渗透在日常教学、真实情境中,潜移默化地提升学生的综合素养。

　　同时,笔者注意到"单元"这一概念在新课标中有着重要意义:围绕单元内容和主题开展教学不仅适用于文化知识传授和文化意识培养,在整体教学建议和教材编写建议中,新课标中分别出现了"关注主题意义,制订指向核心素养发展的单元整体教学目标"和"以主题为引领,以活动为重点,整体设计教材学习单元"这两项条目。

　　单元是承载主题意义的基本单位,单元教学目标是总体目标的有机组成部分。以单元为整体开展教学,有助于系统、连贯地传授文化知识,更有效地培养学生的文化意识。在单元框架和主题内容下,教师可以将零散的知识点有机地整合在一起,形成一个较为完整的、结构化的知识体系,在教学过程中逐步实现文化知识的纵深化理解和广泛化拓展。同时,以单元主题为引领设计教学活动和目标,教学内容更加连贯,更容易体现从感知和理解到实践与应用的深化,从而有效帮助学生在具体情境中理解和掌握文化知识、灵活应用所学内容,提升学生的综合素养。

基于此,笔者意识到,在高中英语课堂中开展文化意识培养教学时,不仅要基于教材已有完整的自然单元,根据不同的教学模块,设计有层次、有逻辑、有内容的教学方案;也要关注不同单元之间可能存在的文化关联,设计跨单元、校本化的主题教学活动,形成大单元思维观念和框架,实现文化意识的系统化教学与培育。

在以单元为整体进行教学设计时应当涵盖以下要素:单元教材教法、单元教学目标、单元学习活动、单元作业以及单元教学资源。

(1)单元教材教法:教师在进行单元教材教法分析时,需横向分析单元内部学习内容的分布与关联,并纵向分析单个学期与学年之间学习内容的循环与承接。

(2)单元教学目标:教师应认真分析单元教学内容,以发展英语学科核心素养为宗旨,确定单元教学目标;根据学生实际水平和学习需求,确定教学重难点;围绕单元主题语境与教学目标,整体设计教学活动,通过教学活动拓展主题意义。

(3)单元学习活动:单元学习活动应围绕主题语境展开,基于教材内容,通过合理情境和适切方式,指向不同语言技能与学习策略的培养。学习活动应当有情境、有层次、有评价、有实效,帮助学生逐步深入对主题的认知,并建构新的主题相关知识结构和观点。

(4)单元作业:单元作业设计应体现"目标导向""整体设计""反馈改进"和"尊重差异"的设计理念,通过兼具开放性、体验性、合作性等形式丰富的作业,培养学生核心素养能力。

(5)单元教学资源:单元教学资源不仅可以为教材教学内容提供新鲜而可靠的信息输入,也可以为学生接触真实世界中丰富的语言形式提供机会,有助于拓宽学生知识的宽度、思维的深度以及文化的厚度。单元资源应选择有教育价值的内容,匹配学生水平,确保资源服务于教学目标的达成,且便于使用和循环利用。

在新课标的指引之下,本书的实践篇中对于典型课例的研究将围绕自然单元与整合单元进行区分论述。

第四章

研究理论基础

　　本书的研究理论和实践将充分借鉴学生认知相关理论、英语学习相关理论以及文化教学相关理论,通过整合重要的理论观点,形成整体性的理论框架模型,以更好地指导高中英语教师的文化教学实践,提高学生文化意识培育成效。

第一节　学生认知相关理论

一、输入假说理论

　　美国著名语言教育家斯蒂芬·D.克拉申(Stephen D. Krashen)毕生致力于第二语言习得,因而赢得全球声誉。自20世纪70年代末以来,克拉申开始提出一系列关于第二语言习得的假设。1985年,克拉申在其著作《输入假说:理论与启示》中正式归纳出习得与学习假说、自然顺序假说、监控假说、输入假说和情感过滤假说五个系列假说,这些假设被总结为"输入理论"。该理论有两个重要方面的内容:一是克拉申认为理解输入的信息是人类获得语言的唯一方式,人们所关注的是信息并不是承载信息的语言形式。二是克拉申强调所提供的语言信息或者说"可理解输入"应体现"i+1"原则,其中"i"代表学习者当前所处的语言水平,"i+1"代表语言输入要比学习者现有水平稍高,保持适度的水平,又不过高。[①]

　　在克拉申的输入假说理论中,"i+1"输入假说对于学生的第二语言习得具

---

① KRASHEN S. We acquire vocabulary and spelling by reading: Additional evidence for the input hypothesis [J]. The modern language journal, 1989,73(4):440 - 464.

有重要启发。该假说提出,只有当学生接触到"可理解输入"或略高于其当前语言水平的第二语言输入,并且能够专注于理解意义或信息而不是理解形式时,习得才会发生。输入假设表明,学习者通过理解信息来习得语言。更具体地说,"可理解输入"是一个重要的环境因素。克拉申声称,从输入到输出存在一段时间,在这段时间里学习者无法做出任何原创性陈述,他将这段时间称为"沉默期"。而学生也恰恰需要一段时间的"沉默期"来消化、内化这些信息。当这个阶段被打破时,学生在新语言学习中可能会出现负面情绪。① 鉴于此,语言学习中应充分按照学生认知发展的顺序,即进行语言输入、为内化信息提供时间与机会、实现语言输出。

根据输入假说理论,高中英语教师在课堂教学中,也应该遵循学生语言习得的规律,首先可展示语境,激发学生的学习动机,接着提供足量的可理解的语言输入与多元文化输入,并且不要过早地引导学生进行语言输出。这是因为当语言输入积累到一定量时,习得语言的语法规则会在学习者的意识中自动形成,从而实现正确的语言输出。

二、建构主义理论

建构主义理论最早是在 20 世纪 60 年代由瑞士心理学家让·皮亚杰(Jean Piaget)提出的,该理论是认知发展领域的一个重要里程碑。构建主义主张,知识并非单纯通过教师的直接传授而获取,而是学习者在特定的社会文化背景下通过与环境互动、意义建构的过程来获得的。因而,建构主义学习理论将"情境""协作""会话"以及"意义建构"作为构成学习过程中的四大核心要素。②

第一,"情境"实质上就是学习环境。从广义层面理解,情境涵盖整个社会文化学习环境。受维果茨基理论的影响,建构主义认为,知识最初是在社会文化环境中被构建起来的,随后通过学习者的"同化"和"顺应"两个心理过程,被内化为个人的知识体系。③ 而从狭义层面来看,情境特指课堂学习环境,是教

---

① LUO Z. A Review of Krashen's Input Theory [J]. Journal of Education, Humanities and Social Sciences, 2024,26(5):130-135.

② 白倩,冯友梅,沈书生,等.重识与重估:皮亚杰发生建构论及其视野中的学习理论[J].华东师范大学学报(教育科学版),2020,38(03):106-116.

③ 张丽莉.皮亚杰建构主义理论在我国幼儿园课程中运用的可行性研究[D].上海:华东师范大学,2011.

师为了促进学生的知识构建而特意创设的特定环境。在语言教学课堂上,这种情境特指语言环境,它涵盖语言的展示、语言的实践应用等多个方面。情境的精心创设对于学习者的思维而言,不仅扮演着支撑的角色,更需富有挑战性,以促进思维的深化。在此类情境中,学习者被赋予主导地位,成为分析问题与解决问题的核心力量。因此,学习环境中的情境设计需紧密围绕促进学生对学习内容的深度理解与意义建构展开。

第二,"协作"应贯穿整个学习过程。建构主义强调协作在学习资料的搜集与分析、假设的提出与验证、学习成果的评价以及意义的建构等各个环节中均发挥着至关重要的作用。在建构主义理论的指导下,教师的角色发生了显著转变,从传统的教育者转变为学生知识建构的协助者。作为协助者,教师在教学中引导学生形成对教学内容的独特理解,并帮助他们将新知识融入已有的知识体系中。同时,教师还为学生提供知识框架,并创设有利于学习的情境,以引导学生自主得出结论。这一转变使得教师与学生之间的关系由传统的教与学的关系转变为一种更为平等的协作关系。在学生知识建构的过程中,学生之间的关系也经历了深刻的变革。他们由过去的竞争关系转变为协作关系,共同参与到知识的建构中来。通过协作,学生们能够互相帮助、互相学习,每个人的思维成果(智慧)都为整个学习群体所共享,从而共同实现知识的建构。①

第三,"会话"是互动过程中不可缺少的环节,也是协作的主要表现形式。建构主义理论秉持以学生为中心的理念,视学生为认知的主体和知识意义的主动建构者。在这一理论框架下,教师的角色转变为帮助学生进行意义建构的促进者和引导者,而非直接向学生传授和灌输知识的灌输者。② 因此,教学场景发生了显著变化,传统的教师"一言堂"的局面被打破,学生更多地参与教学过程中来。师生之间和生生之间的会话成为教学的主要形式,通过这些会话,学习者能够共同商讨、探索和建构知识。在会话过程中,学生不仅能够表达自己的观点和想法,还能够倾听他人的意见,从而丰富和完善自己的认知结构。同时,通过双方的会话,学习者能够在真实的环境中进一步巩固和夯实新获取的知识,实现知识的有效迁移和应用。

---

① 白倩,沈书生,李艺. 审视与启示:发生建构论视野中的知识观探析[J]. 现代教育技术, 2022,32(08):26-33.

② 温彭年,贾国英. 建构主义理论与教学改革:建构主义学习理论综述[J]. 教育理论与实践, 2002(05):17-22.

第四,"意义建构"指学习者基于自身的经验背景,主动选择、加工和处理外部信息,以形成个人独特理解的过程。① 这一过程旨在获得对事物性质、规律及其内在联系的深刻认识,是教学过程的终极追求。在大脑中,这种理解以"图式"的形式长期存储,即形成关于所学内容的认知结构。对于语言教学而言,意义建构的重要性尤为凸显。语言涵盖词汇、语法、语音、语义、语篇、跨文化背景等多个复杂层面,若仅从语言的基本单位入手进行孤立教学,不仅会割裂语言的整体性,还会使学生失去语言应用的实际环境。这样的教学方式往往导致学生所学知识呈现点状或线状分布,难以形成系统的知识体系,更难以实现对语言的深入理解。因此,意义建构为语言教学提供了新的视角,强调从语言的整体出发,将"形"与"义"紧密结合。在建构主义学习环境中,学生被视为认知的主体和意义的主动建构者,教学设计不再仅仅从分析教学目标开始,而是首先关注如何创设有利于意义建构的学习情境。

综上所述,建构主义理论与核心素养视域下的课程改革的理念存在很多的共通性,例如,将学生作为知识的主动构建者、倡导教师成为学生学习的指导者与协助者、为学生形成自身的独特理解构建学习情境等。在建构主义学习理论的指导下,在高中英语课堂中培育学生的文化意识将更加注重为学生提供真实的学习情境,拓展学生发现问题、思考问题、利用内化的知识解决实际问题的能力和素养。

第二节　英语学习相关理论

一、语言文化学习发展模型

"语言文化学习发展模型"(Developmental Model of Linguaculture Learning, DMLL)是由国外学者约瑟夫·肖尔斯(Joseph Shaules)提出的一种整合语言和文化学习的框架。该模型以动态技能理论(Dynamic Skill Theory, DST)为基础,认为学习是一个通过日益复杂的认知和技能发展水平来逐步实现的过程。

动态技能理论强调,诸如语言和文化能力这样复杂的技能并非以线性相加的方式发展,而是通过特定的转换阶段,将离散的元素整合成更复杂、更全面的

---

① 王文静. 社会建构主义研究[J]. 全球教育展望,2001(10):15-19.

能力。基于这一概念,语言文化学习发展模型提出语言文化学习的四个关键阶段(如图 4-1):接触(Encountering)、实验(Experimenting)、整合(Integrating)和衔接(Bridging)。在接触阶段,学习者初步接触到的离散信息或文化知识点,如语言学习中的词汇或文化事实,是零散的、独立存在的,尚未形成联系;到实验阶段,学习者开始对离散的信息进行关联和理解,逐渐建立起文化知识之间的联系,形成初步的结构性认知框架;在整合阶段中,学习者已能将多个知识点整合为一个更复杂的文化系统,具备系统化的视角来理解文化意义和行为模式。最后一个阶段是衔接,学习者的认知已达到高级水平,能够理解多个文化系统之间的复杂交互关系,并形成全面的元视角,展现出高度的文化敏感性和批判性思维。

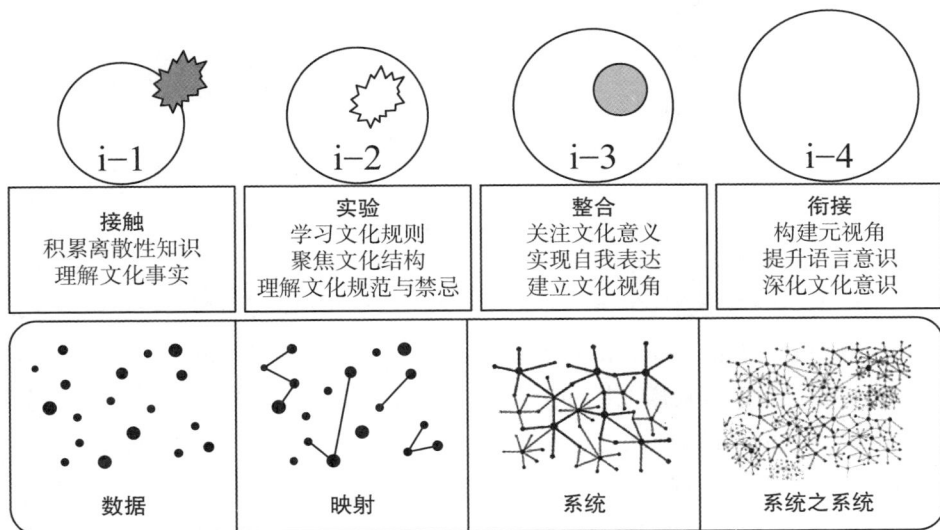

图 4-1　语言文化学习发展模型的四个阶段

　　语言文化学习发展模型旨在弥合语言学习与文化学习之间的差距,前者通常以知识和技能等具体术语来构思,后者则以意识等抽象术语来构思。该模型的核心观点认为语言和文化学习是一个整体的过程,即"语言文化学习(linguaculture learning)",这个过程不仅仅是知识和技能的获取,更涉及认知和身份的深层变化。作为一个综合的学习领域,获取语言技能和文化知识应当作为一个整体来看待,实现同步发展,以提高跨文化交际能力。

　　在此基础上,语言文化学习发展模型提出语言和文化学习的多层次综合框架,即语言文化教学的四个区域(Four Zones of Linguaculture Pedagogy),通过将语言学习和文化学习结合,形成一种整合的教育模型。该框架包括四个不同的教学区域:单纯的语言学习区、以语言为中心的语言文化学习区、以文化为中心的语言文化学习区,以及单纯的文化学习区。

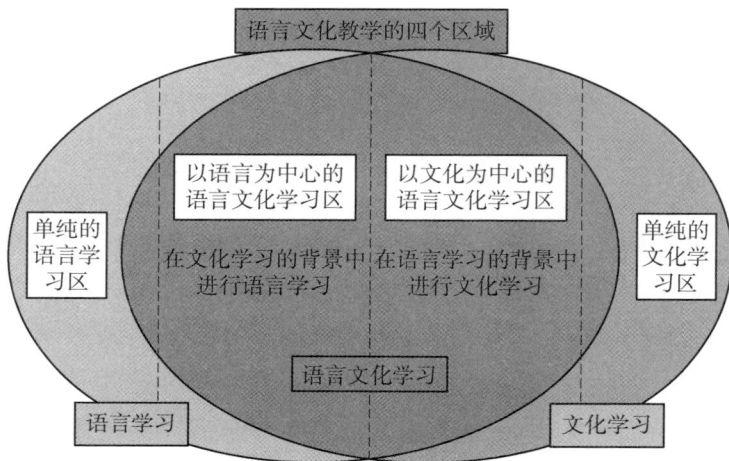

图 4-2 语言文化教学的四个区域

　　单纯的语言学习区专注于语言模式的掌握,侧重语法、词汇、发音等语言知识的技术层面,忽略文化背景的影响。与之相对应的单纯的文化学习区则专注于文化模式的理解,强调文化习俗、社会规范和历史背景的学习,较少涉及具体的语言学习。而以语言为中心的语言文化学习区和以文化为中心的语言文化学习区则具有综合性,前者将语言学习置于文化背景中进行,使学习者不仅掌握语言的技术层面,还能通过文化背景增强对语言的理解和应用;后者则强调在语言学习的过程中掌握文化,通过语言的使用,理解和体验文化习俗、价值观和行为模式。

　　每个区域代表学习过程中的不同焦点,但都有助于全面理解语言文化。这种教学模型强调适应性学习的重要性,即通过动态的、对情境敏感的教育实践来培养表层知识和深层文化洞察力。语言和文化学习不应孤立进行,而应相互交织、相互促进。教育者可以根据具体教学目标和学生需求,选择适合的教学区或结合多个区的特点,设计综合教学方案。学习者则可以通过理解这些学习区,选择最有效的学习策略,全面提升语言和文化的综合理解和应用能力。

　　语言文化学习发展模型提出的四个阶段和区域,都展现出从单一到综合的特点,提供了一个将认知复杂性与技能掌握相统一的发展路线图,为学习者和教育者提供了一个兼具结构化和灵活性的语言文化学习方法。这个方法与新课标中以学科核心素养培养为目标的英语教学要求具有内在逻辑一致性,启发教师在高中英语教学过程中进行文化意识培养时,应当通过有层次、多维度的语言实践活动,根据学习者的语言水平和文化认知能力,层层递进、逐步深入,帮助其在多样性、动态化的学习过程中,将积累的文化知识结构化,并融会贯通,转换为内在的认知、行为和品格,使之在全球化背景下更具竞争力和适应性。

二、ICAP 学习框架

　　ICAP 学习框架是美国教授季清华以认知科学为基础,依据学习者不同的外显活动或思维参与程度,将知识变化过程和学习结果进行分类的认知参与理论。ICAP 学习框架将学习方式分为四种模式:被动式(Passive)、主动式(Active)、建构性(Constructive)和交互式(Interactive),学习者的认知过程由简单到复杂、由低级到高级,学习效果也依次递增。[①] 不同的学习方式带来了知识变化的差异,由此带来的学习效果也存在不同,具体如表 4-1:

表 4-1　不同的学习方式

学习方式	学习活动类型	知识变化过程	学习成果
被动式 (Passive)	接受 (Receiving)	储存 (Storing)	记忆 (Memorization)
主动式 (Active)	操作 (Manipulating)	整合 (Integrating)	应用 (Application)
建构式 (Constructive)	生成 (Generating)	推断 (Inferring)	迁移 (Transfer)
交互式 (Interactive)	共创 (Dialoguing)	协同推断 (Co-inferring)	共创 (Co-creation)

① 张馨元,张民选.积极学习:季清华的 ICAP 学习框架[J].全球教育展望,2024,53(09):30-50.

　　ICAP 学习框架聚焦在"参与""活动"和"交互"三个核心理念上,这与新课标中提出的指向学科核心素养发展的英语学习活动观和自主学习、合作学习、探究学习等学习方式高度契合。其中,"参与"包括学生学习材料的方式、学习活动中的行为和身心投入程度。建构学习和交互学习作为学生参与度最高的两种学习方式,具有主体性、互动性、合作性等特点,能够让学生以积极探寻者的身份主动学习、理解、应用知识。四种学习方式对应的不同的学习类型也会影响学习效果。具体而言,被动学习包括听讲座和阅读材料等只接收信息、无需学生思考的简单听力或阅读活动;主动学习涵盖需要用笔记录或书写但不添加任何新的信息的活动,例如做笔记和练习题;建构性学习需要学生超越已有信息,通过总结、解释或教学等活动来构建新的知识;交互性学习则鼓励学生参与合作学习活动,通过讨论、辩论等互动方式共同构建知识、解决问题。这四种学习方式的交融,体现出课堂教学过程中个体与同伴、内化与外化相结合的进阶过程。"参与"和"活动"都体现出"交互"这一特征的重要性。高中英语课程应当以主题为引领,使课程内容情境化,促进学科核心素养的落实。学生之间的对话与共创就是在具体的、富有意义的情境中,通过合作学习、协同发展,实现知识的深度理解应用和迁移创新。ICAP 学习框架的层次体现出情境化和协同学习的重要性,关注并鼓励学生在学习过程中交往合作,将个体与认知学习结果相联系,进而发生或实现协同效应。①

　　深入思考分析 ICAP 学习框架之后,笔者发现知识变化过程和学习成果这两个方面,与高中英语学习活动的三个类型、文化意识具体表现和水平划分高度相关。新课标指出,英语学习活动应当通过学习理解、应用实践、迁移创新等层层递进的语言、思维、文化相融合的活动,引导学生加深对主题意义的理解。这三类活动体现出从基于语篇到深入语篇,再到超越语篇的进阶性,也就是 ICAP 学习框架中所反映出的认知水平和逻辑思维从易到难、从低到高的螺旋上升过程。而框架中知识变化的过程,尤其是最终的推断和协同推断,则与文化意识的四个具体表现密切相关,比较与判断、调适与沟通、认同与传播、感悟与鉴别渗透在四种学习方式中。基于被动获得、主动巩固的文化知识,学生在建构学习过程中,通过主动思考新知识与已有图示,观察、分析、比较文化之间

① 盛群力,丁旭,滕梅芳. 参与就是能力:"ICAP 学习方式分类学"研究述要与价值分析[J].
开放教育研究,2017(2):46 - 54.

的差异，形成自己的判断理解，并在交流过程中不断调整、深入理解、提升跨文化适应能力、形塑客观的文化观，进而有效传播所学知识和文化价值，培养健康的审美情趣和正确的价值鉴别力。由此可见，文化意识具体表现在 ICAP 学习框架的不同学习模式中并相辅相成，共同推动学生在高中英语学习中实现知识和文化素养的双重提升。

　　本书在前面章节部分分析过文化意识素养水平划分内容，其中反映出的深度和广度上的差异，与 ICAP 学习框架存在一致的内在逻辑与递进关系。同一文化意识素养水平级别就涵盖文化知识、思维、情感态度和行为等几个维度，例如一级素养中所描述的："根据直接提示找出文化信息""了解并比较具有文化多样性的活动和事物""通过中外文化对比，加深对中国文化的理解，坚定文化自信""能够用所学的英语简单介绍中外文化现象"；而同一维度在不同素养水平级别的递进，又能凸显这些具体内容随学生的参与程度以及在学科素养上的质性变化而发展的特点，具体如图 4-3。

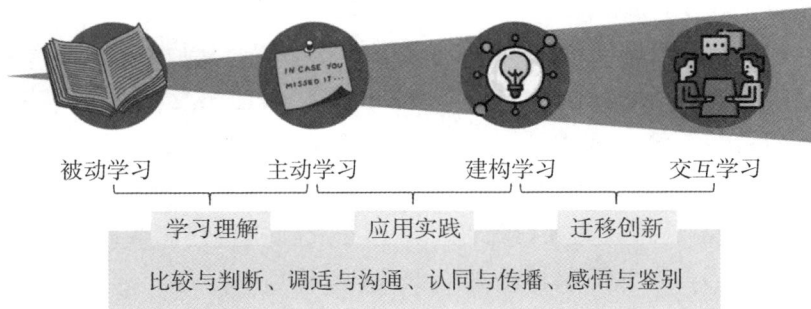

图 4-3　学习方式与认知过程

　　鉴于 ICAP 学习框架细致划分了不同的学习方式和相应的认知过程，为教师设计和实施教学活动提供了清晰的理论依据，又与高中英语教学的目标及要求高度相关，笔者认为该理论框架可以应用于文化意识的培养，教师可以利用 ICAP 学习框架引导学生从被动接受文化知识，逐步过渡到主动探讨、建构理解、互动共创，全面提升学生的跨文化素养，具体实施路径包括：获取信息，了解文化知识；整合知识，探讨文化内涵；重构认知，体悟文化价值；交流体会，弘扬文化精华；等等。

第三节　文化教学相关理论

一、超语言实践理论

超语言实践(Translanguaging)是一种综合性语言实践,指语言使用者"灵活运用整体语言库存以获取知识、制造意义、表达思想,以及交流如何使用语言的过程"。① 双语或多语使用者打破语言资源之间的界限,在不同语言之间灵活切换和整合其语言资源,以便更有效地交流和学习。这一实践方法与传统语言教育中将不同语言视为独立系统的观念相反,转而将语言使用者的所有语言知识和技能视为一个整合的整体,能够在任何交际过程中灵活调用,②因而对语言教学方法提出了新的要求和挑战。

在教育环境中,超语言实践不仅可以作为一种沟通工具,更是一种创新的教学策略。教师通过允许学生使用他们最熟悉的母语进行思考和讨论,然后用目标语言表达,可以有效地帮助学生更好地掌握复杂的概念和技能,从而增强学习效果。③ 这体现出"超"的第一层含义,即超越不同语言之间、语言与其他符号系统之间的界限。超语言实践理论提出的新的语言观旨在摆脱传统的单一语言意识形态,凸显语言资源的价值。该理论对"语言"概念进行了拓展,将其视为在跨模态和多模态交流中构建意义的过程。这种语言观认为语言资源不仅仅是独立的代码,而是广泛存在于课堂、日常互动、数字媒体等领域的多符号资源。超语言实践理论主张外语教育应重视多语学习者的语库(repertoire)资源,鼓励学习者思考语言之间的联系,并培养他们运用这些资源的意识,将多种语言资源有机结合,以促进新语言

---

① GARCÍA O, WEI L. Translanguaging: Language, Bilingualism, and Education [M]. Basingstoke: Palgrave Macmillan, 2014:25-30.

② OTHEGUY R, GARCÍA O, REID W. Clarifying translanguaging and deconstructing named languages: A perspective from linguistics [J]. Applied Linguistics Review, 2015,6 (3):281-307.

③ LEWIS G, JONES B, BAKER C. Translanguaging: origins and development from school to street and beyond [J]. Educational Research and Evaluation: An International Journal on Theory and Practice, 2012,18(7):641-654.

的习得。①

此外,超语言实践理论还涉及文化和身份认同的维度,阐释了外语教育在塑造学习者知识体系和文化素养方面的新型知识观。该理论认为,学习者在语言学习中通过有意义的表达,促成认知推理与情感互动,最终实现对问题的理解与解决,这一过程被视为"通过语言形塑知识的过程"。多语者在社会化过程中积累的经验,使语言成为一种复杂且动态的社会符号资源,其价值不仅在于具体语言形式的表征,更在于特定情境中的意义建构。② 探究外语学习者的认知技能、语言掌握程度及新语言习得阶段的差异和变化,有助于发挥外语教育在建立学习者知识体系和文化素养方面的潜力,③从而帮助外语学习者利用多语资源形成或调整他们独特的知识体系和文化素养体系。简而言之,在多语言和多文化的教育环境中,学生允许在课堂上使用他们的母语,可以增强其自信心和文化归属感,④这种方法尊重并认可学生的多语言身份,有助于构建积极的学习氛围和健康的自我认同,即"超"的第二层深意:语言使用者有能力拓展自身语言能力、身份认同乃至世界观。

将超语言实践理论作为高中英语文化意识培养的研究起点,可以启发教师在教学过程中整合运用多模态、多语言资源,合理规划中英两种语言的输入和输出活动,响应新课标中对英语教学和文化意识培养的要求。一方面,合理、充分利用课堂内外的多模态资源,符合现代信息技术背景下教学模式和学习方式变革的趋势,凸显英语学科的核心理念。营造信息化教学环境有助于学生建构和重组知识体系,教师可以利用图像、音频、视频、文字等多种媒介形式,丰富课堂内容,增强学生对语言和文化的理解;另一方面,由于很多中华优秀传统文

① MINAKOVA V, CANAGARAJAH S. Monolingual ideologies versus spatial repertoires: language beliefs and writing practices of an international STEM scholar [J]. International Journal of Bilingual Education and Bilingualism, 2023,26(6):708-721.
② THIBAULT R T, et al. The psychology of neurofeedback: Clinical intervention even if applied placebo [J]. American Psychologist, 2017,72(7):679-688.
③ GORT M, SEMBIANTE S F. Navigating hybridized language learning spaces through translanguaging pedagogy: Dual language preschool teachers' languaging practices in support of emergent bilingual children's performance of academic discourse [J]. International Multilingual Research Journal, 2015,9(1):7-25.
④ CREESE A, BLACKLEDGE A. Translanguaging in the Bilingual Classroom: A Pedagogy for Learning and Teaching [J]. The Modern Language Journal, 2010,94(1):103-115.

化、革命文化和社会主义先进文化的内涵是以中文为基础进行描述和传承的，学生在学习这些文化内容时，较容易使用母语进行思考和表达。通过超语言实践，教师鼓励学生更好地将中华优秀文化元素融入英语学习中，形成独特的文化表达方式，加深学生对中华文化的理解和认同，提升其用英语介绍和传播中华文化的能力，从而在全球化背景下树立文化自信。

二、跨文化交际能力模型

1959 年，爱德华·T. 霍尔（Edward T. Hall）在其著作《无声的语言》中首次引入跨文化交际的概念，其主张文化本质上是一种交流形式，而我们对于交流的理解大多源自对语言的深入研究。① 他进一步将文化解析为集合、元素及模式，文化模式是跨文化研究领域中尤为重要的内容。鉴于各国形成的文化模式各不相同，其交际方式也有所差异，因此跨文化交际不仅是语言间的互动，更重要的是文化间的交际。跨文化交际能力是跨文化交际理论的一个重要分支，并由此形成了一系列与跨文化交际能力培养、文化教学相关的理论。

英国著名学者迈克尔·拜拉姆专注于应用语言学、外语教育和跨文化交流领域，他的研究对于如何培养学习者在跨文化交流中的沟通和互动能力、外语教学法、课程设计以及教育评估产生了深远的影响。迈克尔·拜拉姆的著作《跨文化交际能力教学与评估》（*Teaching and Assessing Intercultural Communicative Competence*）对跨文化交际能力的相关问题进行了较为详尽的论述。他认为，跨文化交际能力对于不同文化背景下的沟通和互动尤为重要。它不仅仅是语言能力的展现，还包括并体现了对另一种文化的理解、尊重以及适应能力。为了更全面地理解跨文化交际能力，迈克尔·拜拉姆建构了一种创新型的理论框架——跨文化交际能力模型（Intercultural Communicative Competence，以下简称 ICC 模型），该模型主张语言与文化的教学应融合进行，②涵盖了跨文化交际所需的知识、技能、态度及批判性文化意识，强调除语言技能之外，还需要培养学习者对文化差异的理解和适应能力。跨文化交际能

---

① 霍尔. 无声的语言［M］. 何道宽，译. 北京：北京大学出版社，2010：48－50.

② BYRAM M. Foreign language education and cultural studies ［J］. Language, Culture and Curriculum, 1998(1)：15－31.

力包含了语言能力(Linguistic Competence)、社会语言能力(Sociolinguistic Competence)、话语能力(Discourse Competence)三个重要成分。其中,语言能力主要指能够有效地使用目标语言进行沟通,包括语法、词汇和发音等方面的知识;社会语言能力指能够理解并合理运用语言在不同的社会和文化背景下的不同变体,包括礼貌、语域和语言风格等;话语能力指具备掌握组织和理解连贯话语的能力,包括叙述、描述、论证等不同类型的话语结构。① 跨文化能力与跨文化交际能力的内涵如图 4 - 4 所示。

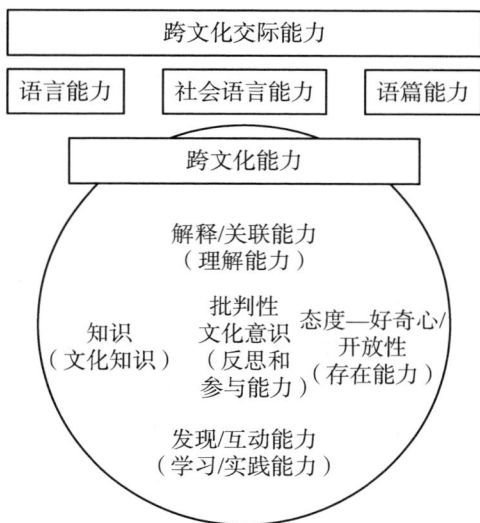

图 4 - 4　跨文化能力与跨文化交际能力内涵

ICC 模型重点阐释了在跨文化交际中会涉及的一些重要的因素,包含态度、知识、技能等维度。

ICC 模型提供了一个全面的框架,用于指导外语教学和评估,确保学习者不仅学习语言本身,而且学习如何在不同的文化背景下使用语言进行有效沟通。具体而言,可以从态度、知识与技能三个层面理解跨文化交际能力。第一,在态度维度,迈克尔·拜拉姆强调成功的跨文化互动所需的态度不仅仅是积极的,还应是开放的、充满好奇的。一方面,语言学习者愿意摒弃对他人的信念、

———————

① BYRAM M. Teaching and assessing intercultural communicative competence ［M］. Clevedon: Multilingual Matters, 1997:31 - 38.

价值观以及行为的偏见与怀疑,同时还愿意暂时搁置自己已有的观念和对某些行为的执念,并从互动的视角去分析。按照科尔伯格(Kohlberg)等人的观点,态度这一层面的本质代表着"去中心化"的能力,也有学者认为积极的态度是理解其他文化的基础。① 第二,在知识维度,迈克尔·拜拉姆认为在跨文化交际中,需要具备两类知识:一种是基础性的知识,比如关于自己国家和其他国家的历史、社会结构、价值观、信仰、习俗和行为规范等方面的知识。这类知识通常在正规的教育系统中便可获得。另一种是关于个体和社会层面互动过程的知识,这类知识对成功的互动至关重要,这需要语言学习者具备其他国家的文化知识并能够以对话者的身份带入互动。通常,当外语学习者所在的国家与目的语国家之间越接近,在跨文化交流中双方通过互动对彼此的了解也就越多。在知识层面,需要语言学习者既具备陈述性知识,又具备程序性知识,能够在特定的情况下根据实际跨文化交流的情况采取相应行动。这也意味着,语言学习者应该具有解释和关联的技能,能够用知识储备来理解跨文化交流中的某种情景或行为,并且善于与自己国家相似或不同的行为习惯、文化传统联系起来。第三,在技能维度,迈克尔·拜拉姆支持在跨文化交流中,语言学习者需要具备发现、互动、解释等不同技能。首先,个体应该具备发现的技能,即能够识别其他国家语言和文化中的重要现象并引出他们的意义和内涵,并将这些现象与其他现象之间建立起联系。其次,个体还应具备良好的互动能力,即能够在跨文化交流中清晰地表达自己的想法、感受和需求,同时也能理解他人的语言,从他人的视角看问题。最后,个体还应具备解释的能力,这要求个体不仅要在外语学习中保持对不同文化的敏感度,同时能够运用现有的知识来解释真实互动情景中的他国语言及其文化的含义。② 以上三个方面是跨文化交流能力的重要构成部分,ICC 模型也强调教育者在课程设计和评估学习成果时,需要考虑到文化维度的重要性。

继迈克尔·拜拉姆的跨文化交际能力模型提出之后,我国学者在借鉴 ICC 模型的基础上,结合对我国教育情境的深刻理解,也逐步构建了适用于中国学生的跨文化能力培养体系。例如,胡文仲指出,跨文化交际能力涵盖了认知、情

---

① BYRAM M. Teaching and assessing intercultural communicative competence [M]. Clevedon: Multilingual Matters, 1997:34.

② BYRAM M. Teaching and assessing intercultural communicative competence [M]. Clevedon: Multilingual Matters, 1997:31-38.

感(或态度)及行为三个层面,这一观点得到了不少学者的广泛认同。① 孔德亮与栾述文则提出了由意识、知识及实践能力三个维度构成的大学生跨文化交际能力结构。② 顾晓乐提出的跨文化交际能力理论模型则涵盖了态度、知识和技能三个维度,并进一步细化为 11 个子类。她进一步强调,在培养跨文化交际能力的每一个维度时,都应实现语言、文化与交际的深度融合,不断促使交际双方在互动过程中,通过合作、协商与调整等方式实现从本土文化身份向跨文化身份的跨越。③ 也有学者认为外语教学跨文化交际能力框架由跨文化意识、文化调适能力、知识及交际实践组成。④ 此外,彭仁忠等人构建的外语跨文化教学理论模型从以下三个方面进行了阐释:首先,以外语课程作为跨文化能力培养的基础;其次,强调体验式、思辨式及互动式学习的重要性;最后,注重国外文化知识、态度、技能的学习,同时也应加强对本国文化的理解。⑤ 此外,还有研究者在充分借鉴教育目标分类学和发展心理学理论的基础上,构建了我国外语教育中的跨文化能力教学参考框架,该框架包含认知理解、情感态度及行为技能三个要素。具体而言,一是要理解多元文化,包含国内外文化知识,并培养多元文化态度;二是要增强文化自觉,坚定文化自信,增强国家认同感,同时具有全球视野;三是能够进行跨文化对话交流与探索。⑥

综上所述,针对学生跨文化交际能力培养的理论模型已发展得相对成熟,基本覆盖了跨文化教学中的各个要素,包括教学目标、内容及实践方式等方面。跨文化交际能力理论对于培养学生的跨文化交际能力、提升教师的文化教学能力具有重要启示。通过对相关理论的梳理,可以发现跨文化交际根植于文化土壤之中,其能力体现为文化与语言在交流过程中的深度融合。⑦ 其中,迈克

① 胡文仲.跨文化交际能力在外语教学中如何定位[J].外语界,2013(06):2-8.
② 孔德亮,栾述文.大学英语跨文化教学的模式构建——研究现状与理论思考[J].外语界,2012,(02):17-26.
③ 顾晓乐.外语教学中跨文化交际能力培养之理论和实践模型[J].外语界,2017(01):79-88.
④ 杨盈,庄恩平.构建外语教学跨文化交际能力框架[J].外语界,2007,(04):13-21.
⑤ 彭仁忠,付容容,吴卫平.新时代背景下跨文化外语教学理论模型和实践模型研究[J].外语界,2020,(04):45-53.
⑥ 张红玲,吴诗沁.外语教育中的跨文化能力教学参考框架研制[J].外语界,2022,(05):2-11.
⑦ 孙艺风.翻译与跨文化交际策略[J].中国翻译,2012,33(01):16-23.

尔·拜拉姆的 ICC 模型产生了广泛的影响,该模型包含了态度、知识、技能等维度,这启示教师在高中英语课堂中,对于学生文化意识的培养可以着重从态度、知识、技能以及行为等不同层面入手,培养学生具备积极、开放、负责的态度,具有良好的文化知识储备以及掌握发现、互动、解释等技能,在跨文化交流中积累经验并不断进行反思,增强学生对于不同文化的自觉意识、敏感性和洞察力,使他们成为具备跨文化交际能力的高素质人才。这一任务与高中生文化意识培养的维度及其价值意义不谋而合,两者均以交际为载体,以文化为基础,强调学习者在跨文化环境中的适应与成长。同时,教师在学生文化意识培养过程中扮演着重要角色,需要不断提升自身的文化知识掌握程度,增强对于文化意识的认识及注重文化教学的实施过程,以更好地落实英语学科育人目标。

三、文化教学的实践模型

跨文化语言教学将交流需求放在首位,并寻求以一种同时发展跨文化交流技能和语言技能的方式来教授文化。这是一种将语言和文化紧密联系起来的文化教学方法,并认识到我们在使用语言时文化总是存在的。虽然跨文化语言教学方法较为新颖,但已有一些学者对此领域开展了相关研究。其中,国外学者安东尼·J. 利迪科特(Anthony J. Liddicoat)针对跨文化语言教学开展了一系列具有代表性的研究。他提出,跨文化语言教学和学习涉及与文化相关的四个主要活动:关于文化的获取(Acquisition about cultures)、比较文化(Comparing cultures)、探索文化(Exploring cultures)、在文化之间寻找自己的"第三空间"(Finding one's own "third place" between cultures)。①

具体而言,跨文化语言学习首先涉及的环节是文化的获取。在语言教学的一开始就应该融入文化意识的培养。即使是非常简单的语言,如问候语、用餐时的用语等,都充满了文化色彩,应在学习的过程中融入文化方面的学习。语言不是在"文化真空"中学习的,而是学习者在学习过程中不断积累并获得的。对于学生而言,这一环节是文化的获取;对于教师而言,这一环节意味着课堂教学中设计相关的文化输入,而教学中缺乏文化的输入会极大影响学习者的语言

---

① LIDDICOAT A J. Intercultural language teaching: principles for practice [J]. New Zealand Language Teacher, 2004,3(30):17 - 24.

学习效果。其次,在文化教学中应该引导学生比较文化。语言教学中的目标之一是培养学习者在跨文化环境中能够有效交流的能力。在教学的过程中,教师需要引导学习者进行母语文化与目的语文化之间的比较。过去,语言教学通常致力于让学习者尽可能达到接近目的语母语者的水平。这既是一个不切实际的目标,也是一个不适当的目标。这是因为当学习者使用第二语言进行交流时,他们并不会放弃自己的想法、感受和价值观,[①]而是在母语文化与第二语言文化之间达成一种协调的效果。对于外语学习者而言,他们需要知道语言与文化之间的重要连接,并且在跨文化交流中实现对彼此文化的认同。[②] 这意味着外语学习者需要培养比较文化的能力,在理解跨文化交流中某些现象或者行为所代表的意义的同时,也应坚守本民族文化,不必以相同的方式复制这些行为。因此,教师在文化教学的过程中需要注重培养学生的"生产能力"和"接受能力"。[③] 一方面,外语学习者作为语言的接受者,应该能够充分理解第二语言在真实互动情境中的文化含义。另一方面,作为语言的生产者,外语学习者在理解他国语言文化的同时,也应坚守母语文化,在不同文化之间实现协调,进而在跨文化交流中选择适合的语言表达及相应的行为方式。再次,在跨语言教学中教师应该引导学生探索文化。作为外语学习者,学生应首先反思自己国家的语言及其文化。在传统的语言教学中,大多数学习者没有机会了解他们的母语文化如何运作以及怎样用母语来更好地反映本国的文化。若是缺乏对母语文化的充分认知,学习者很难真正认识到文化的多样性,而外语课堂则为学习者了解另一种文化提供了学习机会,帮助其实现母语文化与第二语言文化的比较。因此,在外语教学中,教师需要为学生提供交流和探索的空间,丰富学生反思不同文化差异的体验。[④] 最后,在跨语言教学中应该注重培养学生的互动能力。这需要语言学习者在了解不同文化的历史、社会结构、价值观、信仰和习俗的基础上,理解语言背后的文化情景和语境,在跨文化交流过程对不同的文化持开

① BYRAM M, ZARATE G. Définitions, objectifs et évaluation de la compétence socio-culturelle [M]. Strasbourg: Report for the Council of Europe, 1994:23 – 45.
② KRAMSCH C. Language Learning in Intercultural Perspective: Approaches through Drama and Ethnography [M]. Cambridge: Cambridge University Press, 1999:16 – 31.
③ KASPER G. Interlanguage pragmatics: Perspectives on research and scholarship in second language learning [M]. New York: Modern Language Association, 1998:183 – 208.
④ LIDDICOAT A J. Intercultural language teaching: principles for practice [J]. New Zealand Language Teacher, 2004,3(30):17 – 24.

放和尊重的态度,尝试从他人的角度理解问题,感受他们的情感和观点,从而与来自不同背景的人建立起良好的联系。

安东尼·J.利迪科特结合相关研究者的主要观点,进一步总结了跨文化语言教学的实践原则,他认为在外语课堂教学的过程中,跨文化语言学习应该围绕以下五个原则展开:第一,主动构建(Active Construction)。在外语教学的过程中,教师应引导学习者主动获取关于文化的知识。这意味着学习者需要注意到不同文化间的差异,反思文化间的差异及其性质与影响。教师在教学的过程中,不应直接呈现关于语言文化的完整信息,而是应该引导学生去注意、探索和反思不同语言及其文化间的差异,并发展学生解决跨文化问题的能力。第二,建立联系(Making Connections)。在跨文化语言学习中,学生应在引导下将已有的母语文化与第二语言及知识建立联系。为了实现这一教学目标,教师应该引导学生在新知识与旧知识之间进行比较与对比。这意味着学习者在理解其他文化的时候首先应对自己国家的母语文化有着比较清晰的了解。第三,社会互动(Social Interaction)。社会互动强调语言学习是为了交流。跨文化语言学习有赖于与他人的交流和学习者的主动探索,因此在教学过程中应该特别重视社会互动,让学习者在语言交流中体验不同文化间的差异,分享看法,并讨论可能出现的各种情况及相应的解决策略。第四,反思(Reflection)。外语教学过程的一个关键环节是为学习者提供反思的机会,以增强学生对文化间差异的体验。学生需要对他们所学习的目的语及其文化做出积极或消极的反应,识别并抵制自己的偏见和歧视,不因文化差异而对他人进行不公平的判断。同时,还需要反思在不同文化背景下自身语言交流及互动行为的选择可能造成的影响。第五,责任(Responsibility)。在文化教学实践中,教师应该培养学生具备良好的责任意识,引导学生尊重其他文化,同时意识到自己作为文化代表的角色,主动在跨文化交流中承担责任,确保自己的行为能够正面代表本民族的文化。此外,还应能够认识到自身作为世界公民的责任,促进跨文化的理解。① 安东尼·J.利迪科特的跨文化语言教学的实践原则对于研究高中英语课堂如何开展学生文化意识培养的教学实践具有重要的参考价值。

---

① LIDDICOAT A J. Intercultural language teaching: principles for practice [J]. New Zealand Language Teacher, 2004,3(30):17 - 24.

除了安东尼·J.利迪科特针对跨文化语言教学的理论与实践原则进行了系统的研究之外,学界越来越多的学者开始意识到教师的文化教学能力对于学生的跨文化语言学习、跨文化交际能力培养的重要性。国外研究者约翰·科比特(John Corbett)提出,跨文化教学能力是指外语教师能够借助教学活动设计或策略,循序渐进地引导学生掌握多元文化知识,并培养其文化意识的能力。这种教学能力不仅有利于学生掌握跨文化知识和跨文化交际技能,还能引导他们以批判性视角审视不同文化,并且具备以恰当的方式参与跨文化交际活动的能力。① 我国有学者已开发出基于教师跨文化教学信念、跨文化教学实践以及跨文化教学反思三个维度的大学英语教师跨文化教学能力自评量表,这是我国首次针对外语教师跨文化教学能力而开发的量表工具。② 此外,也有学者认为在跨文化教学中应该遵守以下五项重要原则:其一,思辨(Critiquing),即跨文化教学应着重培养学生运用认知技能解决跨文化问题的能力;其二,反省(Reflection),跨文化教学鼓励学生进行跨文化反省,提升批判性文化自觉;其三,探究(Exploration),跨文化教学应成为一个开放的跨文化探究过程;其四,共情(Empathy),跨文化教学应基于共情伦理,促进学生共情能力的发展;其五,体验(Experience),跨文化教学应创造多样化的文化体验机会,促进学习者对跨文化能力的内化,实现知行合一。③

总体而言,关于文化教学的理论与实践原则框架对于外语教师开展文化教学实践具有较强的指导价值。对于高中英语教师而言,可以采取一些主要原则来指导课堂教学实践,以促进学生文化意识的培养。具体包括引起学生对英语语言及文化的注意;引导学生比较不同的文化;反思个人语言和文化多样性经验的意义;为学生提供社会互动的机会,探索个人的意义,传达个人的信念与价值观,认识到保护和传承本国文化的重要性,尊重和理解他国文化,促进文化的多样性等。

---

① CORBETT J. An Intercultural Approach to English Language Teaching [M]. Clevedon: Multilingual Matters, 2003:14-78.

② 施渝,樊葳葳.大学英语教师跨文化教学能力自评量表的建构[J].大学外语教学研究,2016(02):115-123.

③ 孙有中.外语教育与跨文化能力培养[J].中国外语,2016,13(03):1-22.

第四节　本书研究理论框架

通过上述章节对于相关理论的梳理,本书将从中借鉴重要的理论观点,将其整合为本书的理论框架,以更全面地分析英语教学中的文化意识培养问题,并为构建针对性的教学实践模型,以及一线英语教师的文化教学实践提供参考性的原则。

一、本书的理论依据

在学生认知相关理论中,克拉申的输入假说理论、皮亚杰的认知理论为本书提供了重要支撑。按照输入假说理论,在语言学习中应该遵循学生习得的规律,按照"i＋1"原则进行语言输入,并为学生内化信息提供机会,最后实现语言的输出。而根据皮亚杰的建构主义理论,学生是知识的主动建构者,学生对事物的认知是在社会文化环境中被建构起来的,进而通过内化或顺应的心理活动形成个体的独立思考。因此,高中英语教师应该注重语言学习环境的创设,以激发学生对不同文化现象的思考。

在英语学习相关理论中,语言文化学习模型、ICAP 学习框架为理解学生语言学习的认知变化过程、改善学生的学习方式提供了重要的借鉴。其中,语言文化学习模型强调应将语言和文化学习进行整合,全面提升语言和文化的综合理解和应用能力。而 ICAP 学习框架更加注重遵循学习者认知发展的规律,将学生学习方式由被动学习转为主动学习、建构学习、交互学习,以促进学习效果的提升。这为丰富英语课堂的教学方式、激发学生的学习动机、提升文化意识培养的效果提供了思路。

在文化教学相关理论中,超语言实践理论更加关注将多种语言资源有机结合,以促进新语言的习得,同时倡导在多语言和跨文化背景下,帮助学生增强文化归属感,建立起身份认同。迈克尔·拜拉姆的 ICC 模型则为理解跨文化交际能力提供了一个较为全面的框架,从设计到知识、技能、态度及批判性文化意识等层面,为教师培养学生的文化意识提供了有价值的切入点。此外,以安东尼·J. 利迪科特为代表的研究者,提出了关于跨文化语言教学的实践模型与重要的原则,涉及主动构建、建立联系、社会互动、反思等方面。根据文化教学的相关理论与实践原则,笔者认为在高中英语课堂教学中培育学生的文化意识,应该遵循以下的教学实践原则(如图4-5所示):首先,引起学生对英语语言及文化背景因素的注意,刺激学生主动进行知识构建;其次,引导学生发现与比较不同的文化差异;再次,引起学生对文化多样性与文化差异性的反思,提升对文化的批判性思维;最后,为学生提供社会互动的机会,促进学生在互动交流中探索个人的意义,传达个人的

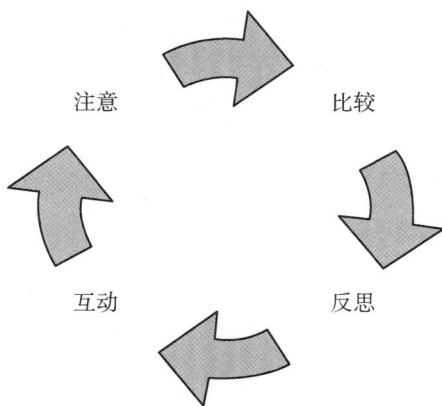

图4-5　文化教学的实践模型

信念与价值观,尊重和理解他国文化,促进文化的多样性等。

二、本书的理论框架模型

以上理论观点为本书的开展奠定了重要基础,在上述理论观点的支撑下,笔者将整合形成本书的理论框架模型(见图4-6和表4-2),基于学生的"学"和教师的"教"的整体视角,系统探究如何在高中英语教学中更好地培育学生的文化意识。一方面,根据学生认知发展与学生学习相关理论可知,对于高中生文化意识的培养应该充分遵循学生认知发展的规律,从学生主体性出发,促进学生有意义学习。本书认为在高中英语课堂中对于学生文化意识的培养应该按照学生认知发展的规律,通过文化激活(Cultural Activation)、多元文化的"i＋1"输入(Multicultural "i＋1" Input)、跨文化内化(Transcultural Internalization)以及跨文化输出(Intercultural Output)四个环节来实现学生文化意识的习得。另一方面,教师在文化教学的过程中,作为学生学习的指导者与促进者,整体的课堂教学设计应该以学生认知发展规律为基础,开展层层递进的教学环节设计。具体而言,笔者将高中英语教师培养学生文化意识的实施路径总结为 NCRI-E 模型,包括注意(Noticing)、比较(Comparing)、反思(Reflecting)、互动(Interacting)和评价(Evaluating)五个环节,这一过程首先激活学生的文化背景知识,引起学生的注意;接着引导学生对不同的语言环境和社会文化环境进行对比,引发学生的反思,促进学生反思自身的语言与目的语文化的多样性与差异性,对语言与文化信息进行内化,形成个人独特的见解;

最后在互动的过程中实现跨文化的输出,准确传达个人的意义并对他人的交流互动进行有效反馈,成为具备良好跨文化交际能力的人;评价环节贯穿于其他四个环节的始终,以教师评价、生生评价和学生自评的方式进行,促进学生反思、完善与提升。

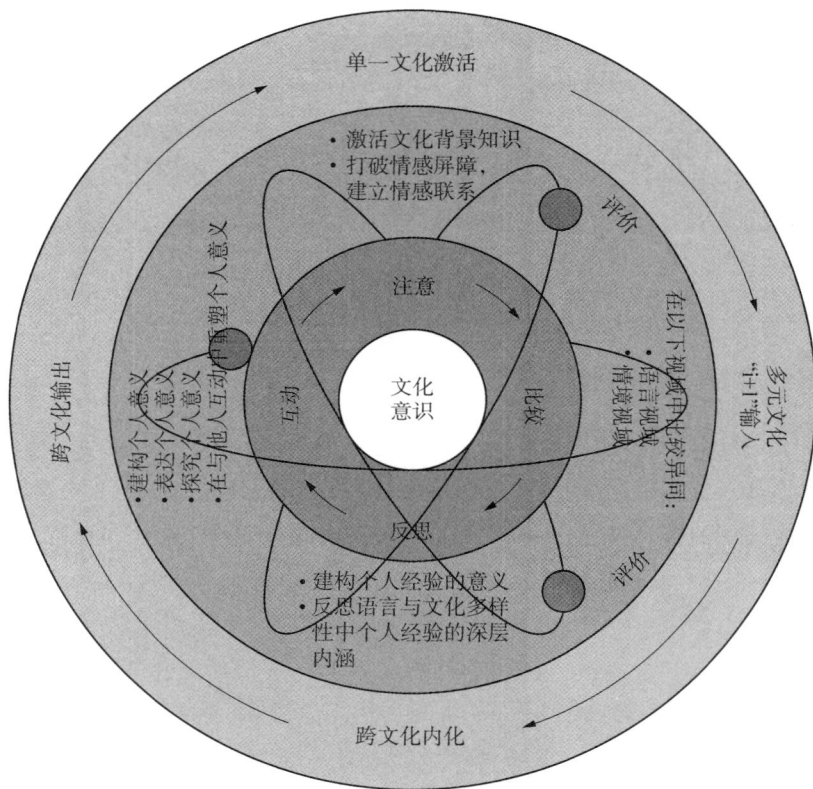

图 4-6　本书的理论框架模型

表 4-2　本书的教学实践模型

认知顺序	文化意识培养教学环节	文化意识培养教学实施路径	
单一文化激活	● 激活文化背景知识 ● 打破情感屏障,建立情感联系	注意	评价
多元文化"i＋1"输入	● 在以下视域中比较异同: ➤ 语言视域 ➤ 情境视域	比较	

（续表）

认知顺序	文化意识培养教学环节	文化意识培养教学实施路径	
跨文化内化	● 建构个人经验的意义 ● 反思语言与文化多样性中个人经验的深层内涵	反思	评价
跨文化输出	● 建构个人意义 ● 表达个人意义 ● 探究个人意义 ● 在与他人互动中重塑个人意义	互动	

　　需要明确的是，以上理论框架与文化教学的实践原则对于英语教师在教学中培养学生的文化意识具有一定的实用性与普适性。但是以上内容仍需经过实践的检验，才能进一步完善相关的实施路径，为指导教师整体的课堂教学设计、具体的教学内容安排、教学活动与教学方式选择提供思路。在本书接下来的实践案例研究中，笔者将结合高中英语课堂教学实践的经验，系统探讨如何在教学实践中落实英语学科的核心素养，并结合丰富的课例讨论高中英语教学中学生文化意识培养的具体路径与方法策略。

第五章

基于 NCRI－E 模型的课程实施案例研究

在高中英语教学过程中,培养学生的文化意识已成为英语课堂设计中的重要目标之一。文化意识和跨文化能力的培养不再仅仅是一项附加技能,而是现代外语教育的重要组成部分。在教学设计中需充分考虑学生的认知发展规律,通过科学合理的教学环节设计,引导学生逐步提升文化理解与交流能力。

本章节基于文化意识培养的 NCRI－E 理论框架,以学生为主体,结合高中英语上教版教材的教学内容,设计了一系列课堂实例。这些实例通过文化激活、多元文化的"i＋1"输入、跨文化内化以及跨文化输出四个环节,分别以"激活文化背景,引发学生兴趣""感受文化差异,促进学生反思""内化文化意识,形成独特见解""强化互动反馈,提升跨文化素养"为教学目标,通过设计符合学生认知规律的课堂活动,激发学生的文化兴趣,引导其主动参与学习并形成独特见解,逐步完成从文化感知到跨文化实践的转变,达到提升文化意识的教学目的。其中,评估环节贯穿整个教学过程,以动态评估方式检测学生的学习进度与效果。

第一节　激活文化背景,引发学生兴趣

文化意识培养课堂中的激活环节,能够增强学生对学习内容的兴趣,并帮助其在后续的学习过程中更好地理解语言的文化内涵。

本书文化意识培养教学实施路径 NCRI－E 中注意(Noticing)的部分主要涉及以下两个方面的培养:

第一,激活文化背景。在语言学习中,激活学生的文化背景是帮助他们理解和融入目标语言文化的关键步骤。通过调动学生已有的知识和生活经验,引导他们探索与目标语言相关的文化元素,这一过程正是将过往经验与新学文化相结合的过程。通过这一环节,教师可以帮助学生将他们已有的文化认知与目标语言的文化差异对接,为文化学习搭建初步的理解框架。

第二,引发学生兴趣。学生的兴趣是语言学习的重要驱动力,通过激发学生对文化差异的好奇心,可以有效提升他们对学习内容的参与感和积极性。教师在课堂中,通过使用真实的文化素材和互动式的活动,能够吸引学生的注意力,并激发他们对学习的热情。这种方式不仅能够帮助学生建立对目标语言的情感联系,还能够激励他们主动思考和探索,提升他们学习的动力。

本节将从多样化课例片段出发,探讨文化激活(Cultural Activation),即文化意识注意环节在阅读、视听、写作等不同课型中的实践应用。

案例一

学习上教版高中英语教科书必修第一册第 1 单元"Our world",播放视频"*From Ireland to the USA*"。

视频内容

视频讲述了爱尔兰大饥荒对爱尔兰人民的影响以及他们的移民经历,内容涵盖爱尔兰大饥荒的悲惨历史,讲述爱尔兰人民如何通过向北美东海岸移民并克服困境,逐渐在美国社会中找到自己的位置。

内容结构

本视频以爱尔兰因严重的马铃薯歉收导致大饥荒为开头,讲述移民潮背后的原因,接着描绘跨大西洋移民航程的危险与艰难、美国对爱尔兰移民的态度,以及爱尔兰移民后期地位的变化。航程中条件恶劣,抵达后生活也并不美好,新移民在美国常感羞耻并经历贫困。但随着时间推移,爱尔兰移民逐渐获得认可。如今,爱尔兰裔美国人自豪于自己的祖籍。

语言特色

历史性语言是该视频叙事语言的一大特征,首先是时间顺序的表达,时间线的呈现(如"In 1845""from 1845 to 1855")引导读者理解历史事件的发展。其次是历史事件的叙述方式,通过具体的历史背景(如"famine""emigration"等),将看似宏大的历史事件具体化。最后是社会变迁的表达,运用对比,如"Life in America was not much better"与"attitudes to the Irish slowly changed",强调"从贫困到自豪"的转变;以及动态变化的表达,如"gradually improved""slowly changed",展示出社会态度的逐步转变。

文化链接

视频中提到的爱尔兰大饥荒和随之而来的大规模移民,是爱尔兰民族历史的一部分,这一历史事件深深影响了爱尔兰人民的集体记忆,他们对祖先经历的艰难历程有着强烈的文化认同。随着时间的推移,曾经受到歧视的爱尔兰裔美国人逐渐在美国社会中站稳了脚跟,并开始以他们的祖先为荣。

爱尔兰移民在美国经历了从被边缘化到成为主流社会一部分的过程。该视频是一个关于文化身份认同、集体记忆与历史传承,以及文化的复兴与自豪的故事。

设计意图

激活已有知识,引发思考:从个人经验感知历史困境

通过从"食物短缺"这一日常问题切入,引导学生思考饥荒的概念,激发他们对生存困境的感知。让学生设想在失去对自己来说最重要的食物的情况下会如何应对,从而帮助他们理解饥荒对个人生活的深远影响。通过这一思考过程,学生能够将当下的感受与历史中大规模的移民现象相联系,进一步体会爱尔兰人民在大饥荒中的挣扎与困境。同时,通过视频开头爱尔兰饥荒时期移民的雕像,学生将从视觉与情感角度更直观地感知"饥饿"与"移民"这一历史主题,逐步理解更宏观庞大的历史事件。

建立情感连接:感受雕像呈现出的饥饿与移民记忆

学生通过设想自己面临食物短缺时的反应,可以感知到移民逃离困境的想

法,从而与爱尔兰大饥荒时期的历史情境产生共鸣。在这一过程中,学生们通过讨论雕像中"瘦弱、饥饿的面孔",能够更直观地感受到这些人的痛苦,并从视觉层面体验到历史事件带来的冲击。此外,雕像不仅仅是历史的见证,它还激发学生对文化身份、历史记忆和人类命运的深刻思考,帮助他们建立与历史的情感连接。

活动方法

初始版本	调整版本
Have you heard of any immigrant groups coming to the USA? Where are they from and why did they emigrate? （图片源自教材配套视频）	**Step 1:** What is the most important food for you? How would you feel if you couldn't eat it anymore? **Step 2:** Imagine if the whole country suddenly lost access to the food and fell into <u>famine</u>. What would you and your family do? Please select one from the followings. (提示:famine: a long-term food shortage in a region) a. Grow your own food. b. Move to a more fertile place. c. Save whatever food you have left. **Step 3:** Look at these statues of thin, weak people and guess. (1) Why do they look so weak and hungry? (2) How might they deal with such a difficult situation? Where might they go?

设计说明

识别文化现象:了解饥荒引发的移民潮

初始版本中"Have you heard of any immigrant groups coming to the USA? Where are they from and why did they emigrate?"侧重于让学生了解移民现象背后的原因。然而,问题过于宽泛和宏大,无法引导学生与话题建立情感连接,学生可能只能泛泛地讨论移民现象,难以与具体的历史事件(如爱尔兰大饥荒)产生联系。

调整版本激活学生已有知识,逐步引导学生把握情境背景,关注"失去最重要食物"的情感体验,让学生从个人的日常生活出发,联系到历史事件中的具体困境。通过问题的层层递进和具体化,学生得以理解饥荒对个人和社会的影响。展示爱尔兰饥荒时期的雕像照片可以使教学环节切入多模态模式,让学生预测话题内容的同时,助力学生在后续学习过程中意识到饥荒背后的社会、文化和历史背景,理解文化认同的变化和社会态度的转变,激发学生对移民背景、历史变迁,以及文化身份的思考。

引起学生共鸣:感受文化现象背后的痛苦与挣扎

初始版本中"Where are they from and why did they emigrate?"这一问题过于宽泛,学生容易从历史或地理的角度理解移民现象,而无法感同身受地理解移民背后的痛苦和苦难,无法有效激发学生对爱尔兰人民在大饥荒时期所经历痛苦的共情,因此,学生可能只是停留在"为什么移民"这一表面问题上,无法深入思考移民的内在动因。

调整版本中,第一步让学生从"失去对自己来说最重要的食物"的角度出发,想象如果自己最基本的需求无法得到满足,他们的反应会是什么。这不仅能激发学生的同理心,也能让他们更直观地理解爱尔兰人民的困境。通过这种个性化问题的设置,学生能够更容易地从情感上理解大饥荒对爱尔兰民众的影响,从而引发他们对历史事件的深度反思。

评价学生表现:建立情感连接,推测历史事件动因

初始版本的评价标准过于单一,主要侧重于学生是否了解移民现象的事实信息,无法对学生的情感理解、历史背景推测进行评价。

调整版本中,教师可以从以下维度评价学生是否有效参与此环节:①学生是否能通过设想失去食物的情景理解饥荒的痛苦;②学生是否能够从饥荒和食物短缺的背景出发,推测爱尔兰移民的动因。

案例二

学习上教版高中英语教科书必修第一册第2单元"Places",学会写一篇旅行博客。

语篇内容

本案例中提供的写作范文为记叙文,主题是旅行博客,发布者莎拉(Sarah)回顾了她在新西兰皇后镇的旅行,简单介绍了皇后镇的地理和历史,详细描述了她的旅行路线、在途中结识的朋友凯特(Kate),以及她在皇后镇的活动和感受。

语篇结构

博客开头简要介绍了莎拉的旅行起点和交通方式,提到她在长时间的巴士旅行中遇到当地女孩凯特,凯特向她详细介绍了皇后镇。接着,文中描述了皇后镇的地理和历史背景,指出皇后镇最初是毛利人定居的地方,19 世纪的淘金热吸引了大量欧洲人定居。随后,莎拉分享了她在皇后镇的旅行体验,包括尝试滑雪板、参加音乐节、逛热闹的市场以及品尝当地美食,展示了皇后镇充满活力的氛围。最后,莎拉总结道,皇后镇是一个令人兴奋且充满能量的地方。整篇博客通过个人经历的叙述,向读者呈现了皇后镇的自然景观、历史文化及莎拉身上独特的冒险精神。

语言特色

文章以第一人称叙述,使用过去时态,采用了博客的写作风格。在记叙过程中使用了许多描述性语言,如"beautiful location""cold but sunny and bright""lively markets"等,帮助读者感受旅行中的氛围。此外,时间连接词的使用使文章的时间线更清晰,如"last week""while I was travelling"等,标明了事件的发生顺序。

文章的句子结构较简单,大部分句子直接陈述事实,未深入挖掘地点的文化魅力;博客中对于文化景点和活动的描写细节不足,多为概括性描述,缺乏互动感;另外,虽然整体内容结构清晰,但不同段落之间的过渡略显生硬,段落间从一个话题转到另一个话题时,没有足够的衔接句或过渡词。

文化链接

这篇文章通过莎拉的旅行经历展现了新西兰皇后镇的独特文化特色。首先,文章提到皇后镇最初是毛利人定居的地方,而新西兰本土毛利文化对当地的旅游业和居民生活有着深远影响。其次,淘金热吸引了大量欧洲移民,新西兰的殖民历史与欧洲文化在此传播并紧密联系,这一历史背景至今仍在皇后镇的建筑和文化中有所体现。皇后镇被称为"世界冒险之都",吸引了众多游客前来挑战各种极限运动,这也反映出新西兰人热爱户外活动和冒险精神的文化特征。最后,文章通过与当地人凯特的互动,体现了新西兰人热情好客的文化。通过这些文化元素,读者可以更好地理解新西兰的历史、自然环境以及社会文化。

设计意图

激发学生的兴趣和写作动机

通过让学生思考更吸引自己的博客的特点,引导他们开始探索自身的兴趣与旅行写作内容之间的关系,进而激发阅读兴趣和写作动机。

帮助学生建立与目的地的情感联系

无论是因为冒险活动的刺激,还是景色的美丽,抑或是对文化和历史的好奇,学生将由此开始感知到旅行中能够引发情感共鸣的部分。

活动素材

Mark's Blog **An Adventurous and Fun Escape**	Emily's Blog **A Cultural and Scenic Journey**
Travel Experience • Bus • Beautiful mountains near the hotel	Travel Experience • Bus • Lake Wakatipu(originally a Maori settlement)
Activities • Bungee jumping • Music festival • Seafood restaurant	Activities • Snowboarding • Art galleries, Maori performance • Fusion of European and Maori Cuisine
energetic lively	culturally rich visually stunning

活动方法

初始版本	调整版本
Introduction of tips on how to write a blog: ● Use clear and simple language. ● Form a concise structure. ● Include visuals. …	**Step 1:** Look at the pictures from Mark's and Emily's travel blogs about Queenstown. Which blog interests you more? Why? **Step 2:** What do you think makes a place unique? Choose one from the followings. a. thrilling adventures b. the beauty of a place c. insights into local history and culture **Step 3:** Which blog do you think provides a more complete picture of Queenstown, and why?

设计说明

识别文化现象：强调旅行目的地的文化特色

在初始版本中，活动的重点是介绍如何写博客，没有充分发挥文化分析的作用，学生更多关注的是写博客的形式，而忽略了从文化的角度分析旅行目的地的深度内容。

调整后的活动通过第二步"What do you think makes a place unique?"这一问题，引导学生从文化的角度思考一个地方的独特性，通过思考他们在旅行中最珍视的元素，帮助他们认识到文化和历史的重要性。通过具体的选项，学生不仅能够理解旅行目的地的自然景观和冒险活动，还能学会识别博客中涉及的文化现象，如毛利文化。这有助于学生在后续写作中加入更多文化视角，提升内容的深度与吸引力。

引起学生共鸣：搭建目的地文化与旅行体验的情感连接

初始版本的活动提供了一些博客写作技巧，学生在分析博客时，更多会关注于写作技巧和格式，而缺乏对旅行体验、当地氛围或文化的情感体验。学生可能会感受到博客内容的表面性，而没有意识到博客是如何通过旅行的情感共鸣来吸引读者的。

　　调整后的版本让学生不仅能够反思自己对旅行的兴趣和偏好,还能够从情感的角度去感觉皇后镇的独特性。无论是对冒险活动的兴奋,还是对自然美景的感动,或是对当地文化的好奇,这些都能帮助学生从内心与博客内容产生共鸣。通过这种情感引导,学生能够更加深入地体验旅行写作的魅力,并能够在自己的博客写作中加入更多情感化的元素,吸引读者的关注。

评价学生表现:识别旅行目的地的文化因素并触发情感反应

　　初始版本的活动缺少了对博客内容质量的评价标准。学生仅仅思考一个博客写得是否简洁、清晰和吸引眼球,而没有考虑博客是否提供了完整的旅行体验、是否涵盖文化、景观和活动等多个方面。

　　调整版本中,教师可以从以下维度评价学生是否有效参与此环节:①学生是否能够从博客中识别出文化背景,如历史、传统或当地活动;②学生是否能够在评价博客时,表达自己对内容的情感反应,例如,旅行的兴奋感、对自然景观的赞叹或对当地文化的好奇。

案例三

　　学习上教版高中英语必修第二册第 3 单元"Progress?",阅读文章"*All you know about English*"。

语篇内容

　　选取的文章是一篇说明文,介绍了英语语言的发展,涵盖其使用者的数量、国际影响力、语言的起源、与其他语言的渊源、成为全球语言的原因,以及英语语言未来的发展趋势。

语篇结构

　　文章首先简要比较了汉语使用者数量虽多,但英语使用者分布更广、全球影响力更大;接着引用全球英语使用者的统计数据;之后讲述 5 世纪到 11 世纪日耳曼人、丹麦人和诺曼人对英语语言发展的影响,以及 17 世纪后英国的扩张与殖民如何促进了英语语言的全球化；文章最后展望了英语语言的未来，指出其作为一种全球语言的重要性将持续存在。文章的逻辑结构清晰、连贯，从引言的对比开始，通过数据支撑、历史发展、全球化推动等环节的逐步深入，最终到达对未来展望的总结。

语言特色

文章信息量丰富，包含官方数据和横跨数世纪的历史事件，这些信息增加了文章的知识性和权威性。同时，其语言简洁明了，在解析数据和叙述历史时，用词简短准确且避免使用复杂的语法和冗长的句子，信息传递高效。

文化链接

语言承载着大量的文化信息，因此其发展与社会文化有着密不可分的关系。文章层层递进，分别从历史事件与文化交融、殖民扩张与文化传播、全球化背景下的跨文化交流与展望的角度，展现语言对社会文化构建的重要意义。

设计意图

回顾英语语言学习，激发跨文化意识

通过引导学生回顾在学校接受的语言教育，帮助学生意识到外语语言学习，尤其是英语学习的重要性。随后，通过假设学生将要进行全球旅行的情境，帮助他们想象在实际生活中需要学习一门外语的情境。最后通过提问"学习这门语言如何帮助你与不同国家的人建立联系"，促使学生意识到语言不仅是交流工具，而且是连接不同文化背景人群的纽带。

连接个人经历，激发语言兴趣与情感共鸣

学生通过回想自己在学习过程中英语语言发挥的作用，把即将阅读的内容与个人经历联系起来。学生通过设想自己在不同的国家和文化中交流，反思英语在全球化背景下的普遍应用，为接下来的内容学习提供情感支撑。进而，学生得以感受到语言的社交与文化意义，激发其对英语的兴趣，也促使其产生情感上的认同和动力。

活动方法

初始版本	调整版本
If you could learn any language in the world, which one would you choose, and why? Why do you think people should learn other languages?	**Step 1:** Which languages are taught in your school? **Step 2:** If you were traveling around the globe, which language in school courses would you choose to learn it well? **Step 3:** How could this language help you connect with people in different countries?

设计说明

识别文化现象：了解英语为全球化通用语言

初始版本的问题为开放性问题，学生可以根据个人兴趣和经验来选择和回答，"If you could learn any language in the world，which one would you choose，and why?"较为抽象和宽泛，学生的选择可能受兴趣驱动，而不一定与实际跨文化交流相关，难以引发对英语作为全球沟通工具的思考。

调整后的版本通过具体的情境和逐步递进的提问，引导学生更具体地思考英语在现实生活中的应用，尤其是在跨文化交流中的作用。学生将思考英语在跨文化沟通中的实际应用，意识到英语语言作为文化纽带的重要性。

引起学生共鸣：从个人体验到跨文化交流

初始版本中学生虽然能根据问题做出个人选择，但可能缺乏深层次的情感共鸣。调整后的版本从学生自身经验出发，引导学生设想自己在全球旅行的情境中，英语如何作为跨文化交流工具帮助他们与不同国家的人们沟通，从而在实际生活中感受到英语学习的现实意义。最后，让学生思考学习语言帮助他们与世界各地的人建立联系的重要性，进一步加强学生对语言学习的情感认同。

评价学生表现：建立情感连接并认识到英语语言价值

初始版本的问题更多侧重于学生的个人兴趣和语言选择，评估的是学生对语言学习的兴趣表达和自我认知，适合引发学生的个性化反思，未能充分贴合语篇内容和教学目标。

调整版本中，教师可以从以下维度评价学生是否有效参与此环节：①学生是否能够设想自己在全球旅行或跨国交流中的实际应用场景，并具体阐述学习英语在此过程中带来的实际好处。②学生是否能够认识到英语作为一种全球通用语言，能够帮助他们与世界各地的人交流和建立联系。

第二节　感受文化差异，促进学生反思

本书文化意识培养教学实施路径 NCRI‑E 模型中比较环节主要包含感受文化差异、促进学生反思两个方面。

文化差异是语言学习的魅力所在，也是学生理解世界的窗口。在接触多样化的文化场景时，学生不仅能够体验异域风情，还能感受到文化背后的思想、历史与价值观。通过观察和体验这些差异，学生能够提升对多样性和多元文化包容性的认知，从而更好地理解他人的文化背景和行为方式。

感受文化差异是一个起点，而反思则是深化学习的重要基础。学生需要将所感受到的文化现象与自身的文化经验进行对比，从中寻找共性与差异。这种比较不仅能帮助学生发现文化间的独特性，还能促使他们重新审视自己的价值观和行为模式，从而培养更加开放的视角，形成对多元文化的独立见解。

本节将探讨如何通过多样化的教学活动，帮助学生在感受文化差异的基础上进行反思，从而提升他们的跨文化理解能力和批判性思维水平。

案例一

学习上教版英语教科书必修第三册第 1 单元"The media"，对水墨风格动画片相关内容进行听说训练。

语篇内容

本段听力材料为采访,主要围绕动画领域展开。节目主持人多米尼克(Dominic)介绍了当期节目将要涉及的内容,嘉宾莫利(Molly)详细介绍了中国 20 世纪 60 年代的动画短片《小蝌蚪找妈妈》的水墨风格特色,以及当代运用水墨技法的动画师黄莺及其作品《月晦》,阐述了这部借助 3D 动画等技术制作的水墨动画片的优势。

语篇结构

听力材料分成两个部分。第一部分由主持人多米尼克对节目内容进行总体概述,起到开场铺垫、引出后文重点内容的作用。第二部分主要通过莫利的讲述详细展开具体内容,先是介绍《小蝌蚪找妈妈》这部经典动画短片的风格特点以及展映情况,接着进一步介绍与之相关的当代动画师黄莺的新作品《月晦》及其创新点、制作技术及优势,层层递进、逐步深入、条理较为清晰。

语言特色

采访对话语言风格轻松随和,有日常化的招呼与互动。主持人通过提问,如"How can we see it?"来引导话题的推进、激发听众的好奇心。

莫利运用大量描述性语言介绍水墨动画的风格与特点,如"It looks more like museum art that has come to life on the big screen"等表述将抽象的动画艺术风格具象化,生动形象地突出水墨动画风格的魅力。材料在介绍《月晦》中 3D 技术带来的镜头效果和拍摄手法时,出现了一些较为专业的表达(如 lateral shots、rotate her shots 等),可能对于学生来说存在一定的理解难度。

文化链接

材料对《小蝌蚪找妈妈》和齐白石的介绍,生动地展现出中国传统绘画的韵味以及卓越的艺术表现力。水墨画风格在动画领域的运用,尤其是现代新作《月晦》更是在传统水墨画的根基之上,创新性地融入 3D 动画技术的举措,彰显了中国传统文化在现代动画领域中的传承脉络与创新路径,映射出文化创作领域所呈现出的多元性与创新性发展态势。

设计意图

深度剖析现代水墨动画特点

捕捉听力关键信息,培养抓取、记录重点能力,深入剖析现代水墨动画特点,帮助学生理解其技术与艺术融合的独特性。

直观比较水墨动画今昔差异

通过视觉素材呈现直观差异,引导学生感受、比较文化差异,提升对文化差异敏感度与深度,促进文化意识的形成。

启发探索动画文化传承创新

以问题和讨论的形式启发思考动画文化传承创新的多元路径与价值,提升文化传承创新的实践能力与责任感。

活动素材

Molly: Those who are familiar with animation techniques may notice in the film that, thanks to computers, not only can Huang use lateral shots, but she is also able to rotate her shots, creating more vivid moving pictures in her film. With 3D technology, she was also able to create her film in less time with the help of fewer artists. There were two problems with making ink-wash animation: it took a long time and it cost a lot of money. Huang's 3D ink-wash animation was made faster and cheaper, and it still looks great! But, keep in mind that when I say "cheaper", it doesn't mean that this kind of film is cheap to make. I've heard it is estimated that a 10-minute ink-wash animated shot using 3D technology costs more than 1 million yuan. Now I'm going to...

活动方法

教师补充图片、视频等素材,帮助学生观察、比较、感受、辨别传统与现代水墨动画的特点与区别,并理解差异背后所蕴含的文化与技术演变,培养学生对中国传统与现代文化在动画领域传承与创新的文化意识。

初始版本	调整版本
Listen to the rest of the second part and complete the following table about the animation *The Plume*. |	*The Plume* | | Time of release | present | | Director | (　　) | | Style | (　　) | | Innovations | • with (　　) • (　　) shots • (　　) moving pictures • (　　) and (　　) |	**Step 1：Work in pairs. Listen to the rest of the second part and make a mindmap of the features of *The Plume*.** T：Listen carefully and take down as many features or innovations of *The Plume* as possible. T：(If necessary，play the radio for the second time.) Let's check your notes. What distinguishes *The Plume* from traditional ink-wash animation? T：Can you add your opinion or give some comments? Possible aspects： ● animation techniques (e. g. lateral shot, rotational shots) ● advanced technology (e. g. 3D technology) ● advantages (e. g. time-saving, labour-saving) **Step 2：Watch some pictures，GIFs or video clips to understand and compare the artistic features and techniques.** T：How can you tell the modern ink-wash animation from the traditional one? T：What similarities and differences do you notice? T：What does the combination of 3D technology and ink-wash painting bring to the storytelling?

◦ 设计说明

文化感知深度：从表层信息到深度探究

初始版本以表格填写任务驱动学生获取《月晦》动画信息，学生按既定类别记录，虽能促使学生捕捉表层信息，但难以深入挖掘其文化内涵及动画发展脉络。例如，对于 3D 技术在动画中的运用，学生只是知晓有此技术，却无法深入体会它是如何改变动画的文化表达与艺术呈现的，对传统与现代水墨动画文化差异的感知停留在较浅层次。

调整版本要求学生记录听到的内容并构建思维导图，这对学生听取并快速记录重点信息提出了更高的要求。学生可以通过自主、合作、探究学习的形式，整合动画技术、科技应用及优势等多方面信息，主动思考各要素之间的关联，形成对现代水墨动画的系统认知,在思考和讨论中深刻领会现代科技文化与传统绘画文化的交融碰撞,文化差异感知深度远超初始版本。

教学互动活动:从单向传输到多元启发

初始教学活动围绕表格展开,形式单一。教师核对答案式地进行讲解,学生被动地接受。讨论环节基于表格内容简单问答,如询问传统与现代水墨动画风格区别,学生按表格填写内容回答,缺乏自主思考与多元观点碰撞,难以激发深度探讨热情,限制学生对文化差异进行多角度理解与表达。

调整后的版本通过系列开放式问题引导互动,启发学生从不同视角观察、比较与分析,充分调动主观能动性,且鼓励学生进行同伴互评,及时进行补充评论,使学习活动充满活力,在师生与生生互动的过程中让学生更好地感受文化差异背后丰富的内涵。

文化传承理解:从表面认知到深层领会

初始版本侧重于呈现动画自身特点,对传统与现代水墨动画文化传承关系体现不足,学生也无法真正理解拍摄手法的区别,难以体会现代科技发展对水墨动画创新的推动及动画文化传播功能的变化,导致对文化传承与创新的理解片面。

通过补充图片、动图和视频素材,学生可能会受到直观的视觉冲击,摆脱对动画表面特点的认知,真切感受水墨动画本身的魅力,比较传统与现代水墨动画之间的差异,体会现代科技发展对水墨动画创新的巨大推动作用。从而拓宽对文化传承与创新内涵的理解深度与广度,激发自身在未来积极探索和推动中国动画文化发展的热情与创造力。

🖥 案例二

学习上教版英语教科书必修第三册第 2 单元"The things around us",阅读一篇关于中国北斗卫星导航系统的文章。

⌐ 语篇内容

文章主要介绍了中国北斗卫星导航系统(以下简称"北斗系统")的发展、功能和未来前景。开篇以人们日常使用手机定位引出多种卫星导航系统,进而着重聚焦中国的北斗系统。接着,依次阐述北斗系统的发展情况、当下的应用情况,以及开发者积极推动国际合作,展望其未来会给中国及世界带来诸多益处。

语篇结构

文章采用总分总结构,开头通过手机定位技术背后的原理引出卫星导航系统话题,为后文介绍北斗系统作铺垫。之后,分别从北斗系统自身发展状况、在不同领域(海上、陆地、农业)的应用情况等几个方面进行具体阐述,条理清晰地呈现其各方面特征。最后,强调开发者推动国际合作的理念,并对北斗系统未来全面运营后的益处进行展望,总结全文,升华主题,凸显北斗系统的重要意义。

语言特色

文章语言平实,读者群体广泛,句式简单,多平行、并列结构,易于理解。文章通过简洁的文字传递了大量技术信息,通过举例、列数字等方式,使内容丰富且有说服力。

文化链接

"北斗"这一名字展示了中国传统文化与现代科技的有机融合,能够激发学生探索如何在现代社会传承和创新传统文化的意识。北斗系统的发展历程和技术优势展示了中国在科技领域的创新能力和全球影响力,能够增强学生对本国文化和技术成就的自豪感,其应用实例能让学生深刻体会到中国科技文化中以人为本、注重民生福祉的价值取向。同时,开发者秉持"China's BeiDou is the world's BeiDou(中国北斗是世界北斗)"这一理念,积极推动国际合作,有助于培养学生开放包容的文化心态,理解在全球化背景下科技文化交流与共享的重要性。

设计意图

解码语言背后的文化意义

通过分析不同卫星导航系统的名称,学生能够从语言层面感知不同国家在命名时所融入的文化价值与历史背景,比较感受不同文化对科技、历史和传统的态度。

解析情境映射的文化内涵

学生通过对四个国家卫星导航系统的具体比较分析,感悟中国的文化自信和对自主科技发展的追求,以及现代科技与传统文化的巧妙结合,激发传承创新。

○ 活动素材

此处摘取文章中具有代表性的片段:

In our modern age, we do not think much about how our technology works. We are so used to tapping on our phone screen to get a map of our location. But how do our phones know where in the world we are and in which direction we are going? It is all thanks to the satellites in space that help our phones calculate our position. Depending on where you are around the world, your phone may be receiving data from different systems. In Europe, people have the Galileo system. In Russia, they have GLONASS. In the USA, people use GPS. China, meanwhile, has the BeiDou Navigation Satellite System (BDS).

○ 活动方法

以卫星系统的名字作为新的切入点,引导学生获取基本信息的同时,通过对比,思考科技与各国的文化、历史和价值观之间的关联。

初始版本	调整版本
Read paragraph 1 and answer the following two questions. What do GPS, Galileo, GLONASS and BDS have in common? What are their differences?	**Guess the origin of the systems, extract key information after reading and analyze the cultural significance of the names.** **Step 1:** T: We have four names here: Galileo, GLONASS, GPS and BeiDou. Let's start by guessing which country or region each system belongs to. S1: Galileo must belong to Italy. T: You are very confident. Why do you think so? S1: It is the name of the Italian scientist. T: Good guess. What about the other three? S2: GPS is from America. BeiDou is from China. It's a Chinese name.

（续表）

初始版本	调整版本
	T：Yes，GPS is quite familiar to us. As for Beidou, it is obvious. What about GLONASS?
	T：Don't worry if you don't know. We can read the paragraph to check our guess and find more information. When you read，please pay attention to what do GPS, Galileo，GLONASS and BeiDou have in common?
	Step 2：
	T：What is the primary purpose of these systems?
	S3：They are all global navigation satellite systems. They enable us to know where in the world we are and in which direction we are going.
	T：Exactly! That's what GPS stands for—the global positioning system. How do these systems operate to determine location and direction?
	S4：They use satellites in space to send signals to help our phones calculate our position.
	T：Yes. With satellites and smart devices，the positioning systems help us a lot.
	Step 3：
	T：Let's dig deeper into our own navigation system. Why is it called BeiDou?
	S5：It's the name of a star in ancient China.
	T：Can you be more specific?
	S5：Out ancestors referred to it as a compass to guide travelers and sailors.
	T：Great! We build the modern technology based on ancient Chinese wisdom. What about the other three? Let me give you a hint. For GLONASS，it is short for Global Navigation Satellite System.
	S6：It's just a technical name that describes its function, just like GPS.
	T：Very straightforward. Then why Europe names the system after Galileo?
	S7：He made great contribution to it.
	T：Good guess，but sadly no. Who has different ideas?
	S8：To honor him because he was committed to science and had significant breakthroughs.
	T：That makes sense. It reflects Europe's long tradition of scientific inquiry.
	T：So these names are not just labels. They reflect each country's values，history，and vision for the future.

设计说明

调整提问顺序，启发铺垫文化背景知识

在初始版本中，学生带着问题读文本，直接找信息。这种直接进行信息提取和功能比较的学习方式虽然能够构建起系统之间的比较关系，但是学生仅仅停留在知识表层。通过巧妙地调整提问顺序，以启发式学习策略为核心，先引导学生关注名字本身能够反映出的信息，将文化背景有机融入教学过程，逐步引导学生从自身已有的知识经验出发，思考命名背后所承载的独特文化价值、历史传承和民族精神，为理解北斗卫星导航系统所具有的文化内涵进行铺垫。

关注名字特征，比较深化文化内涵理解

文中列举的四个卫星导航系统名字本身就具有强烈的文化色彩，教师通过问题链启发学生关注名字特点，辅助理解其功能的同时，感受其文化意义。例如，Galileo 源自意大利的科学家伽利略，反映出欧洲特别是意大利在科学史上的重要地位，以及对科学创新和科学家贡献的尊重，传递出对科学探索的高度认可，体现了西方社会对科学方法和理性思维的崇尚；GPS 和 GLONASS 都采用了简洁直接的方式，强调系统的功能性，反映出两国注重技术性和实用性的文化特点。

中国的卫星导航系统名为"北斗"，承载了中华民族悠久的历史文化内涵，体现了中国人自古以来对天文现象的观测利用以及对方向指引的重视，反映出中国文化善于从传统智慧中汲取灵感、传承文化基因并赋予现代科技产品深厚文化底蕴的特点。

中西方的命名风格呈现出鲜明的差异，两者对比揭示了不同文化在科技命名语言上的多样性，使学生更深刻地理解语言与文化在科技领域的多元互动关系。

案例三

学习上教版英语教科书必修三第 3 单元"The way we are"，阅读文章"*Ideal beauty*"。

● 语篇内容

本文以理想美为主题,对比不同时期美的标准,展示女性美的不同定义,反映美的标准与社会地位、文化价值的关系,引发对于多元审美包容性的思考。

● 语篇结构

文章首先通过对比尼日利亚"以胖为美"和社交媒体中"以瘦为美"两种相反的审美标准来导入话题;接着从历史和文化的视角分析美的标准是如何随着时间的推移和社会背景的变化而演变的,揭示审美标准背后深刻的社会、经济等因素;最后总结上文,进而对个体之美发问。

● 语言特色

文章的词汇选择精准且富有描述性,运用大量形容词(如 broad-shouldered、slim、plump、overweight、pale-skinned 等)准确表达不同时期和文化对美的定义,使用具有象征和比喻意义的表达(如 a diary、a written record 等)揭示审美标准背后的文化和社会价值。同时,借助关联词进行对比,将不同文化和历史时期的美学观念进行有效对照。

● 文化链接

文章中对不同历史时期和文化背景中美的标准的描述,反映出审美标准的多样性。颈部拉长、磨尖牙齿等身体修饰行为,体现美学标准与社会地位、财富和文化身份的关联。全球化背景对现代美学观的影响,反映出审美和文化的动态性。

● 设计意图

剖析文化意象差异

引导学生深入探究描述女性身材的词汇在不同历史时期所代表的独特文化意象,理解其背后社会、经济、宗教等多方面因素如何塑造出截然不同的审美认知,使学生精准把握文化意象与审美观念之间的紧密联系,提升对文化内涵解读的敏锐度。

明晰文化演变轨迹

借助时间轴呈现不同历史时期的审美变化历程,让学生清晰地看到美的标准并非一成不变,而是沿着时间脉络动态演变,促使学生思考演变过程中的关键节点与推动因素,从而深刻认识文化发展对审美观念的持续影响以及文化演变的内在逻辑与规律。

培育文化比较视野

通过在不同文化语境下的对比分析,鼓励学生跨越单一文化视角的局限,积极主动地发现并理解不同历史时期、不同地域文化之间在审美观念上的相同点与差异之处,培养学生运用比较研究方法洞察多元文化的能力,为其今后深入探索文化异同、开展跨文化交流筑牢根基。

活动素材

此处摘取文章中具有代表性的片段:

Ideas about physical beauty change over time and different periods of history reveal different views of beauty, particularly of women. Egyptian paintings often show slim dark-haired women as the normal practice, while one of the earliest representations of women in art in Europe is an overweight female. This is the Venus of Hohle Fels and it is more than 35,000 years old. In the early 1600s, artists like Peter Paul Rubens also painted plump, pale-skinned women who were thought to be the most stunning examples of female beauty at that time. In Elizabethan England, pale skin was still fashionable because it was a sign of wealth: the make-up used to achieve this look was expensive, so only rich people could afford it.

活动方法

教师设计并提供时间轴,学生在阅读文本后填写内容,以此实现对文本内容的高效梳理与整合,凭借可视化的呈现方式,清晰地理解不同历史时期人们关于美的多元理解与界定。

初始版本	调整版本
Read paragraph 2 and underline different views of beauty. Guiding questions： （1）Which historical periods are mentioned in the paragraph? （2）What are the different views of beauty?	**Compare the differences and similarities of ideal beauty based on the timeline.** T：Read paragraph 2 and complete the timeline. Check the answers with classmates. *Ideal beauty over time* **Prehistory** (>35,000 years ago) *overweight* **Elizabethan England** (1558—1603) *pale-skinned:a sign of* ②_____ *slim and dark-haired* ①_____ *period* (6000 B.C.—3000 B.C.) ③_____ *and pale-skinned* **Peter Paul Rubens** (the early 1600s) T：**In which period did people prefer slim and dark-haired women**? S1：Ancient Egypt. T：Exactly. From overweight to slim women, why does there exist the difference? S1：Only rich people had enough food to eat and they were who define the ideal beauty. T：You mean wealth and power. That makes sense. Is these any reason for all the changes? Let's walk along the timeline. **When it came to Elizabethan England, what did people look like**? **Why**? S2：They are pale-skinned. It's a sign of wealth. T：Can you make it more specific? S2：They can afford the make-up. So that's a sign of affordability. T：Yes, they have money to buy cosmetics. Any other possible reason? S3：If a person didn't have to work outside, it may mean he is wealthy enough to stay indoors. T：Exactly! Without hard labor outside, they might be people from higher social classes. **Around the same time, Peter Paul Ruben's painting gained wide popularity. What's the image of women in his painting**? S4：Plump. T：What's the meaning of plump? S4：Fat. T：This is a picture of a plump woman, having a soft, round, slightly fat body. From slim to plump, but not overweight,

（续表）

初始版本	调整版本
	what does the difference indicate? S5：Maybe in later periods，the society started to value a more balanced look that showed both health and elegance. T：That's a great point. As society changed，the concept of beauty refined to balance health，wealth，and fertility in different ways.

设计说明

以可视化工具帮助学生梳理文化知识

在本环节的教学中，所采用的文本内容实际蕴含特定的时间顺序。在初始教学方案里，教师会指示学生在阅读时进行圈画，并且借助一些引导性问题助力学生思考，从而锁定关键信息。然而，这种方式仅仅是通过口头提问与对话来检验学生的理解程度，在进一步追问时，会因缺乏明确的文本信息作为依托而致使教学重点不够清晰明了。此外，学生在学习文章的过程中难以精准把握四个不同历史时期的先后次序，无法有效地构建起清晰的文化知识体系框架。

为此，教师将文本内容转换为时间轴形式，通过可视化工具帮助学生清晰地厘清美学标准的演变脉络。时间轴以直观的方式展示出不同历史时期的美学标准及其变化过程，使学生能够快速捕捉核心信息，明确不同阶段的先后关系。这样不仅强化了学生对文本内容的理解，还能帮助他们深入思考这些变化背后的文化背景和社会动因，有效提升了学生构建文化知识框架的能力，使学习过程更清晰、更高效。

适时追问与评价引导学生关注深层文化异同点

在调整版本中，教师通过适时追问和评价，巧妙地引导学生依据文本信息逐步深入挖掘，着重比较"overweight（超重）""slim（苗条）"和"plump（丰满）"所蕴含的文化内涵差异以及它们之间的关联，启发学生关注这三个描述身材的词汇对应的形态差异，以及其背后反映出的不同历史时期、不同地域文化背景下审美价值体系的异同，使学生能够更加敏锐地感知文化对美的观念塑造所产生的深刻影响,进而提升他们对多元文化的理解与鉴赏能力。

第三节 内化文化意识,形成独特见解

文化意识培养的内化过程需要语言学习和文化认知的结合,以帮助学生内化文化意识,从而在全球化背景下形成独特的个人见解,增强他们的跨文化交际能力和自我成长。

本书文化意识培养教学实施路径 NCRI－E 模型中反思的部分主要涉及以下两个方面的培养:

一是内化文化意识:在英语学习中,学生学习的不仅仅是语言规则,更重要的是理解所学习语言背后的文化内涵。通过接触不同的文化背景和语言环境,学生能够逐步内化这些文化意识,将其融入自己的思维方式和价值观中。教师通过课堂观察、作业批改和课堂提问等方式,对学生对于文化内涵的理解程度进行评价。例如,教师可以观察学生在课堂讨论中是否能够结合文化背景来解释语言现象,以及他们在写作中是否能够恰当地运用文化相关表达方式。学生则通过自我反思和课堂讨论,对自身的学习情况进行评价。例如,学生可以反思自己对不同文化习俗的理解程度,以及自己是否能够将这些文化意识应用到实际生活中。这种内化过程帮助学生更好地理解自身文化与其他文化之间的关系,从而促进自我认知的深化。

二是形成独特见解:在内化了文化意识之后,学生需要反思并总结自己的经历,形成对文化和语言多样性的独特见解。教师可以在学生课堂辩论、小组讨论和论文写作等过程中,对学生形成独特见解的能力进行评价。例如,教师可以评价学生在辩论中是否能够运用批判性思维,提出有理有据的观点;他们在论文写作中是否能够清晰地表达自己的观点,并支持自己的论点。学生则可以通过与他人的交流、反思总结以及撰写反思报告等方式,对自身的学习成果进行评价。这种见解不仅体现在对不同文化的理解上,也反映在与他人交流时的开放态度和包容精神上。通过对比自身文化与外来文化的异同,学生能够发展出自己的观点,提升批判性思维能力,促进对世界的多元理解。

本节将从多样化教学案例出发,探讨跨文化内化(Transcultural Internalization),即文化意识的反思(reflecting)环节在阅读、听说、视频、语法等不同课型中的实

践应用。

📖 案例一

学习上教版教科书选择性必修第三册第 4 单元"Words",阅读文章"*Words, words, words*"。

语篇内容

选取的文章是一篇说明文,探讨英语新词的由来。通过研读语篇,学生可以了解词汇变化的原因和构词法规则,熟悉并掌握文中英语构词法的相关主题词汇,通过分析英语单词的历史与由来记忆英语中的新词。

语篇结构

文章主要围绕"英语中新词汇的来源与演变"这一主题展开,整体结构清晰,层次分明。文章第一段,讲述了近年来英语词汇发生的变化;文章的第二至六段阐述了词汇变化的不同原因(如其他文化影响、科技社会进步、喜剧因素、非正式场合等)和构词法规则(如舶来词、复合词、重新命名、缩写、简写等);文章的第七段为结尾段,表明了作者对新兴词汇持开放的态度,并且呼吁更多新词的生成。

语言特色

文章通过大量生动的例子,如"dim sum""embiggen""cyberbully"等,使抽象的新词汇来源与演变变得具体可感;文章在阐述新词汇的演变时,穿插了幽默的笔触,如讲述"embiggen"一词的创造过程,以及"snail mail"这一对传统邮件的戏称,增加了阅读的趣味性;文章虽然以通俗易懂的语言进行阐述,但背后透露出对英语词汇演变规律的深刻洞察,体现了学术研究的严谨性。

文化链接

文章通过介绍英语词汇的来源与演变,揭示了语言在文化交流中的重要地位。新词汇的引入往往伴随文化的交流与融合,如"dim sum""americano"等词汇的流行就反映出中西文化的交流与互动。

同时,文章强调英语词汇的多样性和包容性,这种多样性不仅体现在词汇的数量上,更体现在词汇的来源和意义上。这种多样性反映出英语文化的多元性和开放性。

此外,文章通过介绍新词汇的创造方式,如缩写、前缀等,展示了英语文化的创新精神。这种创新精神不仅体现在语言层面,更渗透到社会生活的各个方面,推动了文化的不断发展和进步。

设计意图

语言反映国家实力与文化影响力

本活动旨在通过引导学生探索和分析源自中国的英文词汇,如"太极(Tai Chi)""太空人(Taikonaut)"等,使他们深刻认识到语言不仅是意义的载体,更是国家实力和文化影响力的重要表现形式。

用英语讲好中国故事

活动通过让学生自主挑选并阐述他们认为能代表中国声音的英文词汇,旨在激发学生对中华文化的自豪感,同时培养他们的跨文化交流能力和批判性思维能力。此外,活动还鼓励学生深入理解词汇背后的文化内涵和形成原因,从而加深对中华文化的理解和认同。

活动方法

鼓励学生基于所学,挑选 2 至 3 个他们认为能代表中国文化元素的英文词汇。在挑选过程中,学生需要以小组形式讨论词汇的意义、词源以及它们是如何体现中国的文化特色和国际影响的,并向全班展示小组讨论内容。

初始版本	调整版本
Form a speech about the formation rules of English words. You are going to take part in a campus speech contest	**Step 1:** **Present the examples.** Present two words of Chinese origin: "Tai Chi" and "Taikonaut", and lead students to explore how such words reflect China's influence in the world.

（续表）

初始版本	调整版本
about the formation rules in English language. In the speech, you are expected to cover several English form-ation rules and illustrate the rules with specific examples.	**Step 2：** **Group discussion and sharing.** ***Pick your voice of China!*** **Words for reference:** Gaotie, taikonaut Alipay Mahjong, Oolong, wok, Cheongsam, ketchup paper tiger, add oil, lose face, Square dancing • **Pick/Coin your word(s)** • **Introduce the words** (meaning, word formation rules) • **Justify choices from different angles** Instruct groups to choose 2 to 3 additional English words of Chinese origin that represent China. Each group should prepare to explain the meanings and justify their choices based on word formation rules.

设计说明

增强文化理解和认同

初始版本的活动虽然涉及词汇的学习和演讲的准备，但更多地关注于词汇本身的意义和用法，以及演讲技巧的训练。具体而言，调整前的活动缺乏明确的文化主题来引导学生深入挖掘词汇背后的文化故事和内涵：学生在学习和使用词汇时，可能更多的是停留在表面，缺乏对词汇背后文化意义的深入探究。此外，即使学生试图将词汇与某种文化元素联系起来，也可能因为缺乏系统的引导和深入的解释而难以形成深刻的理解和认同。

调整后的活动设计通过明确的文化主题，为学生提供了一个深入挖掘词汇背后文化故事和内涵的框架和指引。例如，在分析"太极（Tai Chi）"这一词汇时，学生可以结合其他学科所学知识探讨太极的起源、发展、哲学思想以及在国际上的影响等方面的知识，鼓励学生丰富文化知识储备，让他们更加深刻地理解词汇所代表的文化意义。并且，通过深入挖掘词汇背后的文化故事和内涵，学生能够更加直观地感受到文化的魅力和价值所在。这种直观的感受和体验能够激发他们的文化认同感和自豪感,从而增强对文化的理解和认同。

培养跨文化交流能力

初始版本的活动可能更多地侧重于理论知识的讲解和演练,而缺乏实际的跨文化交流实践机会。学生虽然能够学习到一些跨文化交流的理论知识,但缺乏在实际情境中应用这些知识的机会,导致他们的跨文化交流能力难以得到有效提升。

调整后的活动设计强调文化背景的学习,注重引导学生深入了解词汇背后的文化背景。这种深入的文化学习不仅能够丰富学生的文化知识储备,还能够让他们更加深刻地理解词汇所代表的文化意义,从而在跨文化交流中更加准确地理解和表达具有文化内涵的词汇。

生生评价促进深层理解

生生评价是促进学生理解文化与语言关系的关键环节。通过小组讨论,学生们互相分享观点并给予反馈,从而激发了创新思维,加深了他们对词汇背后文化含义的理解。此外,学生在小组展示之后的评价环节,反思自己和同伴的表现,更加能够意识到语言中的文化内涵,为他们的语言学习和跨文化交际打下坚实基础。(课堂中生生评价示例如表5-1所示)

表5-1　课堂中生生评价示例

学生所选词汇	学生陈述	生生评价
Karaoke	I picked the word "karaoke", which comes from Japanese. It demonstrates cultural exchange and how languages influence each other.	认识到日本文化对英语的影响;说明了文化交流的概念。
Tai Chi	Tai Chi is not just an exercise, it conveys traditional Chinese philosophy, such as the balance of yin and yang.	体现了对文化和哲学概念的理解;认识到传统文化对现代语言的影响。
Taikonaut	Taikonaut reflects China's advancements in technology and space exploration, showing the modernization of our culture.	认识到语言如何反映社会进步;突出了文化如何在现代背景下塑造语言。

案例二

学习上教版高中英语教科书选择性必修第三册第二单元"Things that matter"，观看视频"*Museums*"。

语篇内容

该视频的语篇内容主要围绕欧洲两大著名艺术画廊——巴黎的奥赛博物馆(Musee d'Orsay)和伦敦的泰特现代艺术馆(Tate Modern)展开，介绍了它们的历史背景、地理位置、艺术藏品特色以及各自的建筑特色。

语篇结构

语篇首先提及奥赛博物馆和泰特现代艺术馆作为欧洲著名艺术画廊的地位，然后分别阐述了它们的艺术藏品特点，接着介绍了这些建筑曾经的用途以及它们是如何转变为现在的艺术画廊的，并提及了参观者的体验。随后，语篇通过对话探讨了博物馆和艺术画廊的目的。

语言特色

语篇在介绍艺术藏品和建筑特色时使用了例如"impressionist""post-impressionist""contemporary art"等专业术语，但整体语言风格相对通俗，易于理解；通过对比奥赛博物馆和泰特现代艺术馆的藏品特色和建筑风格，语篇内容更加鲜明、突出；最后部分用对话的形式呈现不同个体对博物馆功能的理解，增加了语篇的趣味性和互动性。

文化链接

文化遗产的保护与传承

语篇明确指出美术馆和博物馆在保护和传承文化遗产方面起着至关重要的作用，它们让公众有机会接触到原本可能被私人收藏或遗失的历史文物，确保这些珍贵的艺术品能够代代相传。奥赛博物馆(主要收藏法国印象派和后印象派作品)和泰特现代美术馆(主要收藏 20 世纪和 21 世纪的现代和当代艺术)的馆藏对比，更凸显了这些机构在建构和传播文化叙事方面的积极作用。

博物馆在塑造文化叙事中的作用

语篇巧妙地提及泰特现代美术馆从发电站改造为美术馆的过程,这反映了对文化的重视。将工业建筑改造成艺术空间,象征当代社会对艺术和文化的高度重视,说明文化价值观可以发展并重塑物理空间。

跨文化对话与理解

语篇中引用三位不同人士对博物馆和美术馆作用的不同观点,涉及跨文化的内容与理解。虽然他们的观点没有明确地与具体的文化背景联系起来,但他们对博物馆作用的不同解读,隐含地反映出不同文化背景下人们对文化参与和欣赏的不同方式,这种多样性增加了对文化机构如何在不同视角下运作的理解。

◦ 设计意图

增强全球视野与文化责任感

本活动以"博物馆展品是否应进行全球巡展"为主题,引导学生思考文化传播与保护之间如何平衡的问题,旨在提升他们的文化理解力和全球意识。通过探讨巡展对跨文化交流的作用,学生能够认识到文化多样性的价值以及国际文化传播的重要性。同时,活动让学生意识到文化遗产的保护责任,从而激发他们对文化传承的关注。通过对这一真实情境的讨论,学生不仅能够学习到文化传播的意义,还能深刻理解文化共享与保护的双重责任。

培养批判性与创造性思维

在活动中,学生需要从文化、经济和文物保护等多个维度分析全球巡展的利弊,促使他们从不同视角思考问题,提高批判性思维能力。同时,通过鼓励学生设计解决方案,如数字化展览或复制品巡展,活动激发了学生的创造性思维,推动他们探索创新的策略。此外,小组讨论和全班分享的环节有助于提升学生的逻辑表达与团队协作能力,让他们在交流中学会倾听、反思并完善自己的观点。这种多维度的思维训练,让学生在活动中获得全面的发展。

◦ 活动方法

本活动采用情境引入与合作学习相结合的方法,通过设计"博物馆展品全球巡展"这一真实情境,引导学生沉浸式地思考文化传播与保护的矛盾点,激发兴趣与思考,帮助学生在参与过程中提升文化素养,培养批判性思维、创造性解决问题以及团队协作能力,实现知识应用与能力发展的融合。

初始版本	调整版本
Make an advertisement for an exhibition. (1) Choose one of the exhibitions in a museum or gallery you once went to. List three reasons why people should visit the exhibition. (2) Write a speech to advertise the exhibition you have chosen. (3) Present your advertisement to the class.	**Should Museum Exhibits Go on Regular Global Tours**? **Step 1:Scenario Introduction** 　Museums often organize global tours for their exhibits, allowing people worldwide to experience cultural treasures. While these tours promote cultural exchange and accessibility, they also raise concerns. Today, we will explore this topic from different perspectives. **Step 2:Group Discussion** 　Divide students into small groups, and encourage them to discuss the following aspects: (1) cultural exchange:How do global tours contribute to cross-cultural understanding and education? (2) economic considerations:Do the costs of organizing tours outweigh the benefits? Who benefits economically? (3) preservation and safety:Can museums ensure that artifacts are protected during transport and display? **Step 3:Group Presentations** 　Encourage students to share their ideas with the whole class.

设计说明

从语言技能训练到高阶思维培养的转变

初始版本侧重于学生的语言表达能力训练,要求学生撰写展览广告和演讲稿。此版本确实能提升学生的语言运用能力,但对文化理解的深度挖掘有限。学生产出局限于对展览内容的简单描述和个人感受的表达,例如"This exhibition is amazing because the paintings are beautiful and colorful. I learned a lot about Impressionism. "。

调整版本将学生从语言训练的框架中引导到更高层次的思维挑战中。新的活动涉及多重维度,要求学生不仅仅局限于语言表达的训练,而是要在语言使用中进行更深刻的思考、分析和论证。例如,学生提道:"Exhibit tours can make artifacts more accessible despite the possible damage during the delivery. They allow people elsewhere to experience them firsthand."其中,学生并没有单纯地赞美文物巡展的社会公益性,也没有完全忽视可能的运输风险,而是在权衡利弊的过程中,体现了批判性思考。也有学生提道:"It is also alive. Exhibit tours are no longer just sitting in a museum. They bring new energy to the traditional culture, making it relevant to different generations and peoples."学生认为文物作为历史遗产是静态的,但在巡展中却能够通过文化交流和互动焕发活力,这种动态和静态的辩证统一展现了文物能够在不同的展示情境下展现其生命力。

从单一文化视角到跨文化视野的拓展

初始版本关注的是单个展览的宣传,其文化视角相对单一,学生产出可能仅限于对特定展览或博物馆的介绍。

调整版本引入了开放性讨论题目,学生需要从"文化交流""经济考量""文物保护"等多方面分析博物馆巡展的影响。这一设计引导学生认识到,文化不仅是一个单方面传递的过程,更是一个双向互动的实践。通过讨论全球巡展对跨文化理解的促进作用,学生能够认识到文化在全球化背景下的动态发展。

案例三

学习上教版英语教科书选择性必修第三册第 3 单元"Mind and body",对语篇"*Plastic surgery*"进行听说训练。

语篇内容

语篇为真实生活访谈脚本,主角为心理学家安德烈·卢滕(Andre Luten)教授。他讲述了一位巴西女孩莉萨·桑托斯(Lisa Santos)因被同学嘲笑外貌而整形成瘾,通过极端手段改变自己外貌的故事,并剖析了背后的心理原因。

语篇结构

该语篇的结构清晰,分为开场、访谈主体和结尾三个部分:开篇介绍了访谈的主题和嘉宾,即心理学家安德烈·卢滕。访谈主要围绕莉萨·桑托斯的故事展开,详细描述了她的遭遇、心理变化、整形手术的成瘾过程,以及卢滕教授的专业分析和看法。结尾总结了莉萨的案例,并强调接受自己、培养真正的自信和幸福的重要性。

语言特色

作为一篇访谈脚本,该语篇的语言非常口语化,使用了大量的日常用语和口语化表达,如"Thank you.""Could you tell us more about her?"等,增强了语篇的真实感和亲切感;语篇语言简洁明了,没有过多的修饰和冗余的表述,使得整个访谈过程流畅、紧凑;在描述莉萨的案例时,卢滕教授给出了专业的心理分析和建议,这些分析和建议用词准确、逻辑清晰,展现了心理学家的专业素养。

文化链接

该语篇通过莉萨的案例,反映出不同文化背景下人们的审美观念差异。在莉萨所在的文化环境中,可能存在对外貌过度的追求和评判,这导致她的自卑心理的形成和整形手术的成瘾。同时,这也暗示我们需要对审美观念进行反思和审视,避免陷入盲目追求外表的误区。

在访谈中,心理学家卢滕强调了接受自己、培养真正的自信和幸福的重要性,实际上这是一种对自我文化认同的强调和倡导。学生需要认识到自己的独特性和价值所在,并学会在多元文化环境中保持自己的文化认同和自信。

设计意图

结合个人经历,促进自我反思

设计活动,让学生结合个人经历来解读不同国家关于外貌的谚语,促进学生的自我反思和情感投入,使他们能够更好地理解和尊重不同文化背景下的观点和价值观。

深化谚语理解,培养跨文化能力

谚语不仅是文化的缩影,更是社会现实的反映。通过解读谚语,学生能够更加深刻地理解不同文化语境下的社会现象以及人类行为背后的逻辑和规律,提升他们的批判性思维和跨文化交际能力。

🔹 活动方法

　　呈现三句来源于不同文化语境下的有关外貌的俗语,鼓励学生以小组为单位阐释对俗语的理解,并结合具体文化背景谈谈社会文化对人类价值观的影响。

初始版本	调整版本
Have a debate on the following positions and give your reasons. (1) Physical appearance doesn't matter that much in our lives. (2) Physical appearance counts for a lot in our lives. Consider the viewpoints above. Decide on one position and give reasons for why you think so.	**Proverb Presentation and Discussion** **Step 1:** 　Students are encouraged to form into groups to explore and present three different proverbs from distinct cultures concerning physical appearance. They will discuss their meanings, cultural implications, and personal interpretations. (1) English proverb: "Don't judge a book by its cover." (2) Brazilian proverb: "Quem não tem cão, caça com gato." ("He who has no dog hunts with a cat.") (3) Japanese proverb: "出る釘は打たれる。" ("The nail that sticks out gets hammered down.") **Step 2:** 　Students are expected to explain the meaning of the proverb, discuss how it relates to societal views on physical appearance and share personal insights or experiences related to the proverb.

🔹 设计说明

深化理解文化内涵

　　初始版本的活动形式相对单一,仅是引导学生谈谈对两种观点的认识,可能不足以激发学生的兴趣和参与度,导致对谚语意义的讨论浮于表面。

　　调整后的活动设计强调了对谚语文化内涵的深化理解。谚语作为文化的重要组成部分,蕴含丰富的历史、习俗、信仰和价值观。通过引导学生深入探究谚语背后的文化内涵,活动旨在帮助学生更好地理解和尊重不同文化背景下的观点和价值观。这不仅有助于提升学生的文化素养,还能培养他们的跨文化交际能力,使他们能够在多元文化的环境中更加自信和得体地交流。

挖掘与探讨社会意义

调整前的活动更多地侧重于谚语的文化内涵教学,而忽视对其社会意义的深入挖掘;在活动内容上,调整前可能只是简单地介绍谚语的字面意思和背后的文化故事,而没有引导学生进一步探讨谚语所反映的社会现象和价值观,导致学生在分享自己观点的时候,容易片面、浅显,例如学生仅是提及了"I support the first sentence. Inner beauty is more important than physical beauty",很难有更深入的讨论。

调整后的活动不仅关注谚语的文化内涵,还注重对其社会意义的挖掘和探讨。这样的目标设定更加全面,能够帮助学生更深入地理解谚语,并将其与现实生活紧密联系起来。在活动内容上,调整后的活动引入更多与谚语相关的社会现象和价值观的讨论,使学生能够更全面地了解谚语所反映的社会背景和文化内涵。同时,通过引入个人经历和社会背景等元素,活动还增强了学生对谚语社会意义的感知和理解。例如,有学生在分析第二句来自巴西的俗语时提及"although the sentence does not directly talk about physical appearance, it talks about cultural attitudes in Brazil about adapting and creating regardless of external conditions"。此外,有学生在分析日本的谚语时能够联系日本的社会背景,提及"It stresses the importance of fitting in within many aspects of Japanese society, including physical appearance, dress, and manners"。

案例四

学习上教版英语教科书选择性必修第二册第 4 单元"Inspiration",阅读文章"*The We Day Charity*",了解"现在完成进行时"语法结构。

语篇内容

该语篇"*The We Day Charity*"主要讲述了青少年通过自身行动影响社会的感人故事。青少年克雷格·基尔布格(Craig Kielburger)在读到一篇关于巴基斯坦儿童伊克巴尔(Iqbal)被迫劳役的文章后,深受触动,进而创立了"Free the Children(解放儿童)"的慈善组织,致力于儿童和青少年权利,并每年在全国组织特别活动"We Day(我们的时代)",鼓励年轻人贡献自己的力量。

语言特色

该语篇大量使用"现在完成进行时"。该时态的使用突出了动作从过去某时开始一直持续到现在，并可能继续持续下去的情况。例如，"it's been growing in popularity"就强调了"We Day"活动的持续走红，这与"Free the Children"组织长期致力于公益事业、持续产生影响的主题相呼应。语篇通过恰当使用"现在完成进行时"，可以让读者了解到主人公已经持续了多年的努力，感受到他们坚持不懈的精神和对文化传承的深厚情感。时态的运用使得文化传承的描述更加感人深刻，让读者能够更深刻地理解到文化传承的重要性和价值。

此外，该语篇在讲述故事时，注重细节描写，如伊克巴尔被迫劳役的悲惨经历等，这些细节描写使得故事更加真实可信，也更容易引起读者的共鸣。

文化链接

语篇通过叙述巴基斯坦儿童伊克巴尔的悲惨遭遇以及他如何通过努力加入儿童权益保护组织的故事，展现了一定文化背景下个体的命运与抗争。这个故事不仅让读者了解了巴基斯坦某些地区的文化现象，还体现了人们对儿童权益保护的重视。

此外，语篇通过讲述伊克巴尔和克雷格等个体的成长故事，传递了积极向上、勇于抗争的文化价值观，鼓励读者在面对困境时保持坚韧不拔的精神，同时也强调文化传承的重要性。同时，语篇也倡导社会责任和奉献精神的文化理念，这些理念不仅影响个体的行为方式，还对整个社会产生了积极的影响。

设计意图

掌握现在完成进行时

活动的核心目标是让学生熟练运用现在完成进行时这一语法结构，准确表达动作的持续性和对现在造成的影响。对其的掌握不仅体现在语法形式的准确性上，更体现在对语境和语义的理解上。

培养批判性思维

活动要求学生对"Free the Children"的运作模式、影响和所体现的文化价值观进行深入分析,而非简单的描述。这需要学生运用批判性思维,从多个角度解读材料,并形成自己的观点。

提升跨文化理解

"Free the Children"的故事体现了诸多重要的文化价值观,例如社会责任、全球合作、青年赋权等。活动旨在引导学生认识到文化价值观的普遍性和重要性,并理解其在不同文化语境下的体现和差异。

活动方法

教师引导学生分析"Free the Children"的故事,重点探讨其持续的影响以及所体现的文化价值观。学生根据讨论结果,撰写一段不少于 8 句的段落,描述"Free the Children"持续的影响力,并至少用 5 个现在完成进行时态的句子来突出其工作的持续性和持久性。

初始版本	调整版本
Make a comment on the impact of Craig Kielburger and his charity. Write a short paragraph to describe what Craig has been doing and the impact on others. (The present perfect continuous tense should be used at least twice)	**Free the Children: Empowering Youth, Changing Lives** **Step 1: Analysis and reflection** Students are guided to form into groups to analyze the Free the Children story, focusing on its sustained impact and the cultural values it reflects from the following aspects: **(1) Social Justice and Human Rights:** How does Free the Children's work promote social justice and human rights? What examples from the passage illustrate this? **(2) Youth Empowerment and Activism:** How does Free the Children empower young people to become agents of change? What examples show their belief in the power of youth involvement? **(3) Global cooperation and Solidarity:** How does Free the Children demonstrate the importance of global cooperation and community building? What examples illustrate their international efforts and partnerships? **Step 2: Paragraph writing** Each group will write a paragraph (8 sentences at least) describing the ongoing impact of Free the Children.

（续表）

初始版本	调整版本
	They must use the present perfect continuous tense in at least five sentences to showcase the duration and continuing nature of their work.

设计说明

从单纯的语法练习到批判性思维的培养

初始版本的设计较为简单直接,仅要求学生根据"Free The Children"的故事,用现在完成进行时写一段话描述克雷格的行动及其影响。这种设计对现在完成进行时的运用要求较为宽泛,对文化内涵的挖掘也比较浅。学生容易流于对故事内容的简单复述,例如,只是罗列克雷格做了哪些事情,而缺乏对这些行为背后的动机、运作模式、长期影响以及文化内涵的深入思考和分析。

调整版本则更注重培养学生的批判性思维能力。通过引导性问题,要求学生从社会正义、青年赋权、全球合作等多个维度去分析"Free the Children"的运作模式、影响力和价值观,而非简单地罗列事件。这促使学生运用批判性思维,对材料进行深入解读,并形成自己的观点。

从浅层文化理解到深层文化探究

初始版本对文化价值观的探讨比较浅显,调整版本则鼓励学生深入挖掘"Free the Children"的故事中所体现的文化内涵,例如社会正义、全球合作、青年赋权等,并分析这些文化价值观是如何通过"Free the Children"的行动体现出来的,以及其在不同文化背景下的意义和影响。这更有利于学生提升文化素养和跨文化交际能力。

对过程性评价提供有效的支架

调整版本设计了更清晰的步骤,包括头脑风暴、小组讨论、段落写作等环节,并提供了更具体的引导性问题和写作范例,为学生提供了更有效的支架,帮助他们更好地理解任务要求,逐步完成写作任务。例如,表5-2是在不同维度讨论中教师设计的、引导学生深度思考的问题链。

表 5－2 教师根据不同主题设计的问题链

主题	教师设计的问题链
Social Justice & Human Rights	● What specific programs address the issue of child labor or the lack of education? ● How do these programs directly impact children's rights? ● What legal or policy changes has Free the Children advocated for?
Youth Empowerment & Activism	● How does We Day involve and inspire youth? ● What opportunities are provided for youth leadership and participation?
Global Cooperation & Solidarity	● What international partnerships are involved in their work? ● How do they collaborate with local communities and organizations?

第四节 强化互动反馈，提升跨文化素养

在基于文化意识培养的 NCRI－E 理论框架中，跨文化输出有着独特且重要的实现路径，那就是借助情境模拟以及各类创新活动，着力培养学生的跨文化交流能力。具体而言，在教学实践过程中，学生需要运用所掌握的语言与文化知识去解决实际遇到的问题，而教师在此期间则要着重引导学生语言与文化表达之间的互动，以此逐步提升学生的文化自信以及文化敏感性。

本节聚焦阅读课、语法课与诗歌对比课，深入探究教师如何在教学进程中巧妙运用文化意识及跨文化交流手段，切实提升学生的语言能力与文化素养，并予以详细规划设计。文中不仅列举大量丰富且多元的实例，还悉心规划了诸多契合实际教学情境的活动，借助文化激活、多元输入、内化与输出这一完备框架，使教学评有机融合并贯穿教学始终，推动学生深入理解文化并踊跃投身文化传播。此阶段的评价着重彰显学生的个人态度与价值行为，教师可凭借多维度、全流程的评价体系，持续优化教学策略，增强学生的文化素养与传播能力。这些设计与新课程标准的要求高度契合，将语言学习与文化教育两大目标精妙融合，具备深入探究与推广应用的显著价值。

下文则是与之对应的详细案例解析，将深入探究在阅读课、语法课与诗歌

对比课中,基于文化意识培养的 NCRI - E 理论框架是如何具体运作的,通过情境模拟、创新活动等手段达成跨文化输出,提升学生语言与文化素养的实践逻辑与成效评估。

案例一

学习上教版英语教科书必修第三册第 3 单元"The way we are",阅读文章"*Clothing and jewellery of the Miao people*"。

语篇内容

选取的语篇是一篇说明文,文章介绍了苗族服饰以精湛刺绣和独特设计而闻名,银饰不仅象征着财富、地位及精神寄托,而且承载着深厚的历史文化记忆。

语篇结构

语篇以苗族服装和饰品的全球声誉为总起,通过具体示例逐层展开,最后回归文化象征意义,形成清晰的逻辑层次。每段围绕一个主题展开,细节对比并重,文化深度嵌入,富有文化解读的深度。

语言特色

语篇运用大量细节描述,具体生动地刻画了苗族服饰风格、刺绣图案及银饰雕刻,展现苗族文化的视觉魅力;借用隐喻和引用,表达了苗族文化对于美的追求和工艺的尊重。

文化链接

刺绣图案反映出苗族文化对自然的尊重与依赖,对自然力量的崇拜以及与自然和谐共生的文化观念;银饰工艺的传承则展示了苗族对技艺的尊重以及对祖先智慧的继承;这些服饰已经不仅仅是美的表达,也是一份身份认同与文化自信。

设计意图

文化认知与创意表达

通过设计苗族服饰和首饰系列,学生能够夯实巩固对于苗族文化的艺术和社会价值的认知,同时将这些文化元素转化为适合国际化传播的设计作品。

个人态度与全球视野

通过学习苗族服饰的独特文化背景,学生可以培养文化自豪感,促使其将这种文化传递给更广泛的国际观众。

活动方法

根据语篇内容,学生以小组的形式设计一套包括服装和饰品的苗族风格时装系列,并向全班展示自己的设计,并解释设计中的艺术和文化元素。

初始版本	调整版本
Design a slogan for Miao clothing and jewellery. If you were to publicize Miao clothing and jewellery, what slogan will you use to capture the essence of Miao culture?	**Step 1: Design a Miao-inspired fashion collection.** 　Supposing you are a fashion designer, how will you create your own fashion collection inspired by Miao clothing and jewelry? The collection should: (1) include both clothing and accessories; (2) reflect the artistic and cultural values of Miao people; (3) promote this unique culture internationally. **Step 2** 　Make a presentation of your Miao-inspired fashion collection, explaining the cultural significance behind your design to audience at the Milan fashion show.

设计说明

产出导向性的活动设计

初始版本设计标语的活动虽表面契合文章主题,但活动设计过于抽象,未能深入体现苗族服饰的具体艺术和文化价值。学生呈现的"Miao clothing: connecting the past to the future"之类的标语,缺乏对苗族服饰独特工艺、象征意义和历史背景的具象化展现,在设计时更无法扎根于文化内涵进行创作。

调整版本的活动设计充分结合了学生通过阅读获得的知识和课堂生成的回应。在设计过程中,学生需要运用对苗族服饰和文化的理解来创造性地表达他们的设计思想。这与之前空泛的活动设计不同,此活动强调知识的实际应用,让学生从文化内涵出发,结合现代创意,产生具有实际意义的设计作品。

汲取文化知识,形成文化行为和表征

初始版本的标语设计活动中听众仍然是身边的同学,未能充分激发学生在全球化语境下的个人文化态度和价值观的体现。活动应当让学生通过表达苗族服饰的具体文化符号,如刺绣和银饰的历史背景与社会功能,传播中国传统文化。

在调整版本中,我们明确了设计的活动面向国际观众,着重于传播中国文化,以凸显学生的个人态度与行为转变。通过这次设计任务,学生不仅是在完成一个创作,更是在承担着全球推广苗族文化的责任。在展示和分享设计的过程中,学生将深入思考如何通过时尚表达文化自信,如何通过艺术作品影响国际观众的认知,进而推动苗族文化的积极传播。

评价激活学生文化传播意识和行为

在评价过程中,教师通过即时提问,为学生创造了反思和自我调控的机会,促使他们深入思考自己的设计和推广策略。例如,通过提问"Through what channel will you promote your fashion collections, online or offline?"激励学生思考如何通过社交媒体、时装秀等不同渠道将苗族服饰推向全球市场。在这一过程中,教师肯定学生的创意,并激励他们探索更创新和实用的传播途径,帮助他们更好地定位自己的作品。

此外,教师通过提问"Any other ways to help publicize our Miao culture?"引发学生之间的讨论,鼓励他们从更宽广的视角思考文化传播。这一提问不仅激发学生的跨文化思维,还帮助他们拓展创意,提升全球视野和文化素养,促进他们形成更加成熟的文化传播策略。

案例二

学习上教版英语教科书选择性必修第一册第 2 单元"Making a difference",阅读文章"*The flashmob phenomenon*",了解"将来进行时"语法结构。

语篇内容

选取的语篇是一篇说明文,主要介绍了快闪族(flashmob)活动的定义、目

的及其应用案例,通过乔尔(Joel)的叙述呈现了一个以环保为主题的快闪活动。

乔尔的快闪活动反映出当代社会对环保的广泛关注,符合这种全球文化潮流,也体现出个人通过行动影响社会的理念。语篇强调乔尔和他的团队通过快闪活动方式组织环保活动,展示了技术与文化结合的潜力。其中显示的即时性、集体性和趣味性,与西方文化中追求自由表达和创造力的价值观一致。

语篇结构

语篇以"定义—应用—案例—意义"的方式组织内容,契合欧美国家的写作习惯,强调论证的层次性。这种结构有助于读者从一般到具体再到深层意义逐步理解主题,体现了文化中的分析性思维特征。

乔尔的活动计划以场景化叙述为主,例如提到具体时间、天气预报和活动细节,这种描绘方式源于西方文化对故事化表达的重视,吸引读者产生情景代入感,鼓励参与环保行动,体现了西方文化注重个人行动和体验的特点。

语言特色

语篇中大量使用描述性语言(如"start clapping""leave some rubbish")和预测性语句(如"will be joining them"),展示了未来场景的生动感。这种强调场景互动的表达方式,契合西方文化中注重情感和视觉化体验的交流风格。

案例中乔尔的语句突出个人在环保行动中的角色,也强调群体互动的重要性(如"lots of people will be there""more people will be joining them")。这种语言特色反映出北美文化中对个人行动与社会参与的双重关注。

文化链接

语篇中将来进行时的语法功能体现了文化链接的多样性。

在时间观念上,将来进行时强调未来特定时刻的动作持续性,如语篇中的"people will be participating in flashmobs",反映出西方文化中对计划性和动态表达的重视。

在社会互动中,将来进行时用于预测群体行为,如语篇中的"more people will be joining them"展现了集体行动力,这在环保等全球议题中尤为重要。

在语气功能上,用于礼貌询问,如语篇中的"Will you be joining us?",体现了跨文化交流中的尊重与协作,表达委婉的语气。

设计意图

设计的活动以语法学习为基础,通过真实场景的文化探讨,提升学生语言能力和跨文化素养,同时鼓励他们关注社会问题并提出解决方案。这种语言与文化结合的教学方式,提高了学习趣味性,强化了学生的综合能力。

提高语法表达准确性

通过学习这类更具挑战性的句子和用法(如"As the flashmob continues, more people will be joining us, and we'll be forming a large crowd to make our message even louder"),学生不仅能掌握将来进行时的基本用法,还能够在复杂的语言环境中灵活运用表达计划、预测、持续性活动等多种语义。此部分内容旨在帮助学生提升语法理解的深度和语言应用的广度,更好地为高水平的语言运用场合作准备。

强调个人态度与社会责任

学生通过设计和参与快闪活动,能够结合将来进行时来表达自己对未来行动的预期,深入思考文化是如何塑造我们的行为的,并通过自己的言行传递社会责任。这些活动帮助学生加深对自己文化身份的理解,同时激发其对于积极参与社会事务的责任感。

活动方法

教师根据课堂生成,鼓励学生围绕社会或文化问题进行创意表达,运用将来进行时描述行动、观众反应及文化意义,最后可选择性地进行表演或录制反思。

初始版本	调整版本
Step: Draft a short plan for a flashmob, using at least five sentences in the future continuous tense.	**Step 1:** Brainstorm a flashmob theme that represents a cultural or social issue, such as environmental protection, animal rights and fitness lifestyle. Each group should decide: ● what action you will perform;

（续表）

初始版本	调整版本
	● where and when the flashmob will take place; ● how you will invite others to participate. **Step 2:** Draft a short plan for your flashmob, using at least five sentences in the future continuous tense to describe: ● your actions during the flashmob; ● the expected reactions of the audience; ● the contributions to cultural awareness. **Step 3 (*Optional*):** Perform their flashmob at a designated location and record it for class reflection. Incorporate future continuous sentences into signs, banners, or an narration to guide the audience and participants.

设计说明

多维度语法应用

先后两个版本都通过设计快闪活动将语法应用于实际情境,避免了单纯的语法练习。调整版本在实践性、应用场景的多样性和语言连贯性方面具有明显优势。该版本要求学生运用将来进行时来描述多个方面,包括动作执行、观众反应和文化意识传递,从而使语言的应用更加丰富,提升了学生语法表达的灵活性。同时,学生需要设计活动的完整流程,涵盖从邀请他人参与到活动的各个阶段,再到活动后的反思,要求时态的一致性。这种设计增强了语言的连贯性,有助于学生更好地理解将来进行时在复杂情境中的应用。

创造个人社会意义

学生在设计快闪活动时,围绕社会或文化议题(如环保、动物权益、健康生活等),通过选择具有个人意义的主题,赋予其文化和社会价值。通过表演,学生能有效传达个人观点,体现文化意识和社会责任感。活动后的反思帮助学生在互动中调整文化意识,深化对社会议题的理解。

生生互评促进自我反思

生生评价通过活动前的创意讨论、活动中的即时反馈和活动后的反思总结得以体现。学生可以互相评估对方在语言使用、文化意识传递和团队合作方面的表现,提出改进建议或给予鼓励。通过这种互评,学生不仅能提高语法应用的准确性,还能加深对社会或文化议题的理解,增强合作能力,并促进自我反思与成长。表5-3是生生评价的具体案例。

表5-3　生生评价具体案例

活动阶段	学生评价实录	评价意义
创意讨论	S1: Our theme is going to be about fitness lifestyle. We will be demonstrating easy exercises that people can do anywhere. S2: That sounds good. Maybe we can add more about how fitness can impact mental health. S3: Great point! Adding mental health makes it whole.	在这个阶段,学生评价主要围绕所选主题的社会价值和深度,从而确保他们设计的快闪活动不仅富有创意和吸引力,而且能够带来社会价值。
起草方案	S1: For our flashmob, we should focus on showing simple stretches and exercises that people can do every day to stay healthy. S2: That sounds good! But we should also explain why regular exercise is important. Maybe we can use the future continuous to describe what we will be doing, like "we will be doing stretches to improve flexibility and strength". S3: I like the idea, but let's also add something to make it more engaging, like "we will be challenging the audience with some funny moves".	学生的评价逐渐从对主题内容的初步讨论,转向对活动设计细节的深入思考和改进。在这一阶段,学生不仅关注主题的深度和相关性,还开始探索如何通过具体的语言使用、活动流程、互动性等提升快闪活动的效果。
活动反思	S1: The flashmob was a success, but I think we could have improved the transitions between actions. Some people were confused about when to start. Next time, we could use more clear visual cues or verbal instructions. S2: That's a great point. I also think we can improve the message delivery. Let's make sure the narration with future continuous sentences is louder and clearer, so everyone can understand the message immediately.	在活动反思阶段,学生的评价更关注如何从整体活动到具体执行层面进行优化。他们开始提出针对活动细节(如动作衔接、信息传递)的具体改进建议,同时增强了对活动互动性的关注。这一阶段的评价更具建设性,体现了学生对细节的深入思考和对团队合作的重视,帮助他们在未来的活动中做得更好。

案例三

学习上教版英语教科书选择性必修三第 1 单元"Exploring literature 1：Two Poems"。

语篇内容

语篇选取的两首诗都描写了诗人与自然的关系,通过自然景象的描绘表达了诗人内心的情感与思考。第二首诗是华兹华斯(Wordsworth)所作的"*I Wondered lonely as a cloud*(《我似浮云独自游》)",他通过水仙花的美丽与活力表达自然对他情感的慰藉,而第一首诗的作者陶渊明则通过山川和鸟群的宁静景象传达了他对简单生活的追求和对人生真谛的思考。

语篇结构

两首诗都采用了层层递进的结构,先从外部的自然景象开始,再转向内心的情感和哲理思考。华兹华斯从孤独地徘徊开始,通过自然景象的触动,最终升华到对自然和内心的深刻反思;陶渊明则通过山川景象的描写,引出对人生和哲理的追求,结构上也是从外部景物到内心的思索。

语言特色

两首诗的语言都具有较强的画面感和自然描写的细腻性,虽然修辞手法不同,但都通过对自然景物的细致描写,表达了诗人对自然的深刻感知与情感连接。华兹华斯采用了比喻和拟人等手法,陶渊明则运用了简洁、直白的语言来展现自然的静谧和哲理。

文化链接

这两首诗的文化链接,反映出两种文化背景下对自然的不同理解和体验。西方浪漫主义更强调个体情感和自然景观的直接联系,而中国古代的士人文化则更倾向于通过自然景象来表达哲理和内心的自我修养。两者都展现了诗人通过自然景象与内心世界的互动,体现了人类对自然的情感依赖和文化认同。

设计意图

　　设计的活动包含诗歌写作技巧训练,帮助学生在表达个人情感的同时,结合中国传统文化的精髓,深入理解文化中的青年角色、坚韧精神以及社会责任。

诗歌写作技巧的培养

　　在设计的活动中,学生通过学习陶渊明和华兹华斯的诗歌,掌握比喻、象征、反复、排比等诗歌写作技巧,并将其运用到自己的创作中。这不仅有助于提升学生的诗歌创作能力,还能培养其敏锐的语言感知力和表达能力,从而增强文学素养。

文化链接的构建

　　设计的活动以"不被大风吹倒"为主题,深刻反映了中国传统文化中对于青年一代的期望和社会责任的思考。在这一活动设计中,学生不仅能够通过诗歌的写作技巧提升自我表达能力,还能进一步理解文化背景中的核心价值观。

活动方法

　　通过赏析与创作的结合,学生运用修辞与自然意象创作诗歌,围绕坚韧主题,突出青年力量与文化认同。

初始版本	调整版本
Step 1: Discuss how the portrayal of nature in the poems reflects a positive life attitude? (For example, Wordsworth's sense of joy through the daffodils and Tao Qian's tranquility and contemplation in nature) **Step 2:** Discuss any experience of being inspired by natural environments in the same way the poets do.	**Step 1:** Discuss the implication and figurative devices of Mo Yan's letter to young people before the May 4th Youth Day—"Not blown away by the heavy wind". **Step 2:** Create your own poems reflecting the theme "Not blown away by the heavy wind", and drawing inspiration from the two poems you've studied. Your poems should: ● reflect the themes of resilience and strength. ● use nature imagery (e.g., unyielding roots); ● highlight the role of youth in society; ● incorporate at least three figures of speech.

⊳设计说明

内容主题的聚焦与深度

初始版本：初始版本关注自然在诗歌中如何体现积极的生活态度，例如华兹华斯诗中的喜悦与陶渊明诗中的宁静，主题较为宽泛，未能围绕特定价值观展开深入探讨，缺乏统一的思想核心。

调整版本：调整版本以"坚韧"为核心主题，以莫言给年轻人的信为引入点，结合青年节的背景，将学生讨论集中在坚韧精神和青年社会责任上，形成了思想与文化高度结合的学习内容，更具有深度和方向性。

差异总结：调整版本通过主题聚焦使学习内容更加明确，避免了宽泛讨论，帮助学生更有针对性地思考坚韧精神的文化内涵及其现实意义。

实践任务的设计与执行

初始版本：初始版本的实践活动仅要求学生分享个人经历（如，如何被自然启发），与诗歌讨论的联系较为松散，未能深入体现诗歌技巧的学习成果，实践任务难以调动学生的创造力和表达力。

调整版本：调整版本要求学生创作以"坚韧"为主题的诗歌，明确提出四个要求：体现坚韧主题、运用自然意象、突出青年角色、融合三种修辞手法。这一实践设计更富有具体性和挑战性，学生在创作中能够充分运用和实践所学技巧，深化对主题的理解。

差异总结：调整版本通过具体而严谨的创作任务，将理论学习与实践应用紧密结合，增强了活动的参与感和成果展示，使学生在创作中感受文化认同和文学技巧的运用。

多维度教学评估与文化引导

在此次活动实践的过程中，笔者邀请了纽约大学文学教授为学生提供指导，从修辞技巧、主题挖掘和现实意义等多维度给予深入反馈。通过与外部专家的互动，学生不仅能获得更广泛的意见，还能激发创新思维，在创作中展现独立性和个性，拓宽文学创作的表达空间。教授通过对比喻、象征、重复等修辞手法的剖析，帮助学生更加精准地表达情感与思想。同时，教授还引导学生思考"坚韧"这一主题如何与现实生活中的挑战和青年责任相结合，深化学生对社会和文化的认知。这种多维度的教学评估方式，既强化了学生的文学素养，又促使他们将文学创作与实际生活紧密联系，提升了文化自觉与社会参与感。

学生成果展示 1（作者：金佳琳、刘祎凡）

Up in the Wind

Straight in my face the hurricane comes roaring,

Millions of nights I gaze at the ceiling.

I see dreams rusting,

I hear sirens ringing

In the dreary abyss I'm trapped in.

> The imagery and use of hyperbole in this opening stanza create a strong impression upon the reader. The expectations are high.

But underneath the wastage,

There will be a daybreak

Where I will fix my flame

With a brand new coat of paint.

Under the mask and the haze,

There must be something more than an empty face.

The heart of youth is a sword in the hand of the brave.

> Wonderful line!

The wind is there for us to face

And for us to chase,

Instead of searching for escape.

Up in the wind we fly

As the virus will never steal the youth of mine,

And quarantine will never suspend my life.

In the wasteland dandelions thrive,

Spreading its seeds to the once barren mind.

Up in the wind we fly.

> Another very effective piece of imagery which relates fittingly to the current space and time.

Up in the wind we rise.

> Very lovely transition between stanzas.

What's been written in the stars we can rewrite.

Weather the storm and fetch the light

Before the wheel breaks the butterfly,

To remind the world how minute flashes can shed a sparkling light.

Up in the wind we rise.

Up in the wind we shine.

All flowers in late spring have fallen far and wide,

But peach blossoms are full-blown on this mountainside,

Flourishing in the May of life.

Up in the wind we shine.

> We have evolved from a wasteland to a mountainside—how triumphant!

It's already May,

But it's just May.

In virtue of the gale-force wind,

Up to cloud nine we inch.

There must be one day,

"Bravo!" the world will say.

> Interesting ending. Are we looking for or relying upon the approval of others as motivation or affirmation of success?

学生成果展示 2（作者：唐孝天）

Ignite in the complete dark

Thorns are growing,

Storms is brewing,

Darkness is coming.

They are hankering

For a kind of force

to make the final fighting.

> The simple and straightforward structure used in the opening stanza here sets off a tone that almost intimidates the reader. This impending threat becomes quite fearful due to the way it is framed!

Stemming from wilderness,

The fierce wind is roaring

With weeds cut off

Vanishing to the endless firmament.

We shall insist. We shall persist.

We shall fight in the muddy dust

Regardless of the downpour washing away your trust.

> I really find this line powerful and inspiring! People need to be reminded that it's normal to have moments of weakness.

Even if we're in harm's way,

Even if we're trembling,

Even if we're unnecessary.

We shall fight for our perspective.

> The use of repetition turns into a kind of mantra that the reader internalizes and becomes a source of motivation and confidence.

Tribulation, loneliness, hardship

They are appealing to the humankind

For the fearlessness of life.

Frustrating moments pass

the fire of youth still mass.

> Excellent couplet here!

It is a matter of will

A quality of the imagination

A vigor of the emotions

It is the freshness of the very springs of life

It's permanently igniting

Even it is a tiny slice.

We have fallen, we have risen anew

We will listen to the wind's bark

Deep in the endless dark.

Once the fire goes out

> This is quite a grim warning of the harsher elements we will face in life! Your metaphors are strong and intimidating, but you leave room at the very end to offer some element of hope!

Your spirit will be covered with snow of gloom

And be buried in the dark wind and layered weed

Then you are grown old,

a 20-year-old loser

But as long as your advancing light goes up,

To catch the waves of optimism, integrity and courage

There is hope you may gloriously die young at 80.

We shall fight against the dark!

We'll need to fight it!

We're certain to fight it!

The poem ends in a rallying cry of hope, countering the intimidation of the opening. Wonderful book-end to this piece.

第六章

基于文化意识培养的高中英语教学校本化成果

　　本书第五章节深入剖析了 NCRI－E 理论模型的 5 个核心环节,并通过具体的教学实践与生动案例,详细阐述了该模型在实施过程中应采取的具体策略与方法。为了更全面、直观地展示这一理论模型在高中英语教学中对文化意识培养的实际应用及效果,本章将依托上教版高中英语教材,聚焦必修一第 2 单元、选择性必修一第 4 单元、选择性必修二第 4 单元三个主题单元,涵盖阅读、听说、写作等多种课程类型,展示基于文化意识培养的高中英语教学校本化成果。

　　这三个单元分别分布于高一上学期、高二上学期和高二下学期三个教学周期之中。在横向维度上,笔者将对比同一单元内不同课型在文化意识培养方面的不同侧重点和具体方法。在纵向维度上,笔者将针对同一课型,特别是文化聚焦板块的阅读课进行深入分析,揭示学生文化意识能力培养的层次性与递进性。

　　期望本章的成果展示能够为广大教育工作者提供一个全面而深入的视角,以理解和应用 NCRI－E 理论模型在高中英语教学中的实践价值,为教育同仁对于如何在日常教学中更有效地促进文化意识培养的深入思考与实践探索提供参考。

第一节　必修一第 2 单元教学课例

一、单元教材分析及文化链接

　　上教版高中英语教科书必修一第 2 单元的主题是"Places",主题语境以人与社会和人与自然为主,分别从不同维度向学生呈现了中国及世界其他国家不同地方及相关文化。表6-1主要介绍的便是该单元的教学内容。

表6-1　必修一第2单元教学内容

课时	课时内容介绍	文化链接
阅读与互动(Reading and interaction)	介绍了中国的历史名城西安和意大利城市佛罗伦萨的相关故事,学生在学习过程中掌握描述城市及其历史与现状的相关词汇。	学生了解这两座城市的文化背景,感知东西方文化的差异和交融,同时探索这些历史名城如何在各自国家的历史发展中发挥重要作用;通过对这两座城市的比较,学生能更好地理解文化遗产如何塑造城市的独特身份,同时也能拓展他们对世界文化多样性的理解。
语法活动(Grammar activity)	本课时通过一个关于人们善良行为的故事,引导学生练习"过去将来时"的用法,帮助学生掌握语法知识。	借助故事,学生能够感受到善良作为人类共同价值观在文化中的重要地位;了解文化如何通过语言表达善意,从而使语言学习与文化理解相结合。
听说(Listening and speaking)	学生聆听故事的第二部分,并练习用英语谈论自己经历过的善举,锻炼语言表达能力。	通过讨论自己和他人的善行,学生能够更好地理解如何在不同文化背景下通过语言传递积极的社会价值;帮助学生通过产生跨文化共鸣,培养其在全球化背景下的文化敏感性与社交能力。
写作(Writing)	研读一篇关于新西兰旅行的博客,引导学生撰写自己的博客文章,提高写作能力。	学生通过描述不同文化、习俗和历史,增强对全球多样性文化的理解与尊重;写作活动与文化背景相结合能够促进学生跨文化交流与文化认同的培养。
文化聚焦阅读(Cultural focus: reading)	本课时旨在讲述不同地名背后的故事,这些地名不仅是地理标志,更承载了丰富的历史和文化信息。	通过了解地名的文化背景,学生能够深入理解当地的历史事件、社会习俗以及文化价值观。
文化聚焦视频(Cultural focus: video)	介绍中国南方城市南宁,让学生进一步了解地理与文化的联系。	通过视频,学生可以看到南宁的自然景观、城市发展以及当地少数民族的文化特色,如壮族的传统习俗和节庆活动。这不仅帮助学生理解地理因素影响当地文化形成的原理,还能让他们感受到不同地区文化的多样性和独特性。

在综合分析单元教学内容之后,教师应当以发展英语学科核心素养为宗旨确定单元教学目标,并根据学生实际水平和学习需求,确定教学重难点。

（一）单元教学目标

（1）从不同的渠道获取关于城市或地点的信息，理解一个城市或地点所包含的历史、文化及其对于个体的意义，了解人与地的互动关系；

（2）运用合适的词汇、语言、时态，对城市或地点的历史背景、自然景观、文化内涵等进行客观的介绍，或讲述自己在某地发生的故事以及该地对于自己性格或者价值观塑造的意义和影响；

（3）用历史和发展的眼光对一个地点进行客观分析与评价，能够传播、弘扬与中国地点相关的故事和文化。

（二）课时目标和学业质量描述

板块	课时目标	课时	学业质量描述
阅读与互动（Reading and interaction）	了解西安和佛罗伦萨两座城市的主要特点；选用适当的词汇和语言描述城市特点；向他人介绍中国某一城市或地点的特征。	2	1-9　能抓住语篇大意，获取主要信息。 1-10　能基于所读内容进行推断、分析和概括。
语法活动（Grammar activity）	理解语篇中过去将来时的使用意图以及语言特点。	1	1-11　能识别语篇为传递意义选用的语法结构。
听说（Listening and speaking）	理解语篇大意，重述关于善意的故事；描述自己经历过的感受到别人友善的故事及对自己的影响。	1	1-1　能抓住所听语篇大意，获取主要事实。 1-4　能简要描述经历，表达观点。
写作（Writing）	分析旅游博客的写作框架、内容、语言、格式；用正确恰当的语言和格式写一篇自己的旅游博客。	1	1-11　能分析语篇的文体特征和衔接手段。 1-13　能以书面形式简要描述自己的经历；能使用恰当的词汇和语法结构进行书面表达。
文化聚焦（Cultural focus）	了解澳大利亚不同地方名字背后的历史、社会、文化含义；感悟名字蕴含的文化意义并反思身边的现象，介绍熟悉地名的含义或重新取名。	2	1-9　能通过读，抓住语篇的大意，获取其中的主要信息。 1-12　能识别语篇直接陈述的社会文化现象。
	了解南宁的地理特点；掌握合适的语言介绍某地的自然资源和地理特征。		1-3　在听和观看视频的过程中，能结合画面，注意到图片、动画等传递的信息。

（续表）

板块	课时目标	课时	学业质量描述
项目化学习活动（Project learning activity）	了解上海城市特点、历史、地理特征等内容；结合单元主题，选用合适的语言和形式从多元角度介绍上海。	1	1-4　能简要地口头描述经历，表达观点并举例说明。 1-6　能选择恰当的语言形式，表达意义、意图和情感态度。 1-13　能以书面形式简要描述自己或他人的经历。 1-14　能借助多模态语篇资源提高表达效果。

二、阅读与互动

（一）语篇分析

选取的语篇"*Where history comes alive*"是本单元阅读与互动板块的阅读文本，属于"人与社会"主题语境，所涉及的话题是"历史、社会与文化"主题群中的"物质与非物质文化遗产"及"社会进步与人类文明"范畴。语篇内容包括两座城市的历史和现代发展。

文章以两个小标题进行分层，框架清晰、脉络分明、结构平衡，易于学生理解和接受。

第一个小标题"Xi'an，China"：通过三个自然段，作者展示了西安这座城市的独特魅力——西安既是热门旅游景点，又拥有深厚的古都文化底蕴，同时在现代发展中占据着重要地位。作为古代丝绸之路的起点，西安承载着丰富的历史遗产，而在现代的"一带一路"倡议中，西安作为关键节点城市，发挥着越来越重要的作用。

第二个小标题"Florence，Italy"同样通过四个平行的自然段，作者以总分的角度，从三个维度展现佛罗伦萨的魅力——文艺复兴发源地，艺术大师与杰作辈出；历史遗产完好保存，文化底蕴深厚；传统与现代交融，古今风貌交相辉映。

（二）学情分析

本单元教学对象为高一学生，具备一定英语基础和阅读理解能力，如识别主题句、判断文本逻辑等。但选取的语篇涉及大量专有名词和中英对照难点。例如，关于西安的介绍中，存在关于文学作品、名胜古迹等以中文为基础语言的表达。同样，关于佛罗伦萨的介绍中，文艺复兴（Renaissance）和艺术家（Michelangelo、Leonardo da Vinci、Galileo）等大量特定词汇需要具备一定的背景知识才能有具象化的理解和记忆。不论是已有图示还是补充知识往往都是以母语或者中英混合的形式呈现，所以前期的预习学案大有必要。

此外，本文为学生进入高中学习的第二个单元，许多学生在学习中仍侧重于关注词汇和语法，缺乏剖析文本文化内涵的技巧，对捕捉语言背后的隐含信息、情感意图及文化暗示不够敏感。教师需要引导学生调动已有知识，结合文本内容，帮助学生在语言学习活动中理解文化内涵，比较文化异同，形成自己的文化价值取向。

在文本内容方面，学生对西安的背景较为熟悉，对其历史意义、名胜古迹有一定认知，可以自如调动跨学科知识，部分学生可能有旅游经历，易于结合自身体验，理解其今昔对比与现代发展的内容。相比之下，佛罗伦萨作为外国城市，部分学生对文艺复兴等历史文化有所了解，但信息掌握不均，对其现代发展及意义理解不足，需适当补充相关文化背景。

（三）教学思路

本课时为阅读教学，主要思路可见图 6-1：

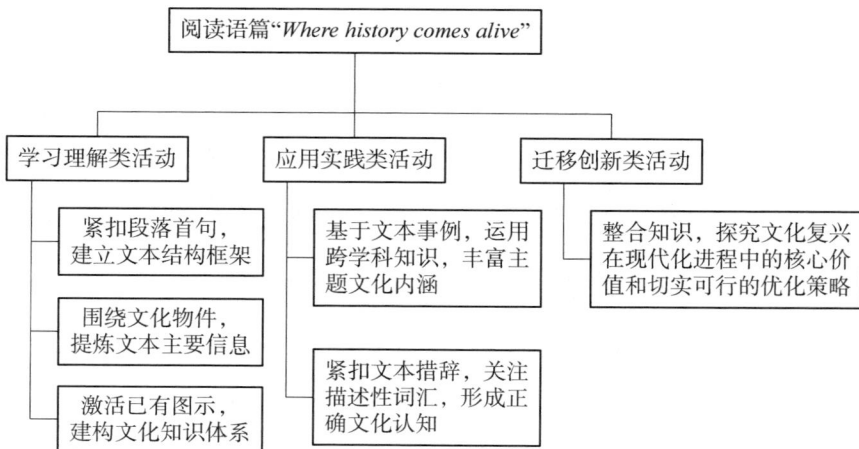

图 6-1　本课时教学思路

（1）设计学习理解类活动。

通过激发学生的背景知识和梳理文本中的事实性信息，帮助学生深入建构文化知识体系,揭示文化知识不仅包括物质文化(如饮食、建筑、服饰、交通,以及相关发明与创造),而且涵盖精神文化(如哲学、科学、教育、文学、艺术)。二者相互补充与联系,培养学生归纳总结能力。

引导学生结合文本中的文化物件,调用跨学科知识,阐述文化内涵、历史、现实意义,培养其综合分析和批判思维能力,以实现对文化背景的全面理解与认知。

(2)设计应用实践类活动。

依托学习理解类活动的产出,在对比中分析两个城市在"历史文化焕发新生"方面选择的不同探索路径。西安以"一带一路"倡议为契机,通过融入全球化经济和文化交流,焕发古都新生,展现开放与包容的特质。佛罗伦萨则注重保护文艺复兴时期的遗产,将历史建筑与艺术作品保存完好,并通过与现代商业和文化的融合,使传统与当代交相辉映。在对比的过程中,鼓励学生思考并评价实现历史文化的复兴与延续的不同路径。

接着,学生借助小组研讨,紧扣文本措辞,分析一些描述性词汇所承载的历史、文化和情感内涵。例如,语篇中"the birthplace of""at the heart of"等通过比喻修辞手法,让学生能够更深刻地认识到这两个城市不仅是物理上的地点,更是重要文化和历史事件的发源地,文化的发展和传承离不开这些地方;同样,语篇中"Be alive with""a golden age"凸显文化的动态性、文化的丰厚性,突破了"过去"与"现在"之间的界限,帮助学生理解文化的活跃性和深厚的历史感。

围绕同样的语料,教师还可以鼓励学生,依托词汇阐述各自的态度价值。在词汇之间感受对当前城市活力的热爱,从而形成正确的文化认知、态度和行为取向。如此让语言不仅是内容的承载工具,也是情感色彩和文化意象的传递工具,深化了学生对历史、文化遗产以及现代文化活力的理解。

(3)设计迁移创新类活动。

这类活动通过学生整合文本信息,迁移运用所学知识到新的情境中,并结合自身经历,理性解读两个城市在保持文化活力的同时如何处理现代化带来的压力,以此探究西安和佛罗伦萨的复兴路径是否有可以互相借鉴的地方。在此过程中,通过知识整合、情境迁移、经验结合形成跨文化借鉴,学生得以在跨文化情境中实现知识应用,提高批判思维和创新思维能力。

(四)重难点分析

1. 重点分析

(1)通过提问,引导学生提炼文本主要信息,梳理文本中关于西安的历史文化物件和事件(如丝绸之路、玄奘、大雁塔、大明宫与诗歌等),帮助学生构建一个文化知识网;借助图片、视频,激活学生的视觉记忆和知识图示;绘制一条西安的文化时间线,标注张骞出使、玄奘取经、大明宫建成等重要事件,引导学生探究各自事件的相关故事,加深对文化延续性的理解,扩展文化事实知识。

(2)借助各种学习活动,如围绕引导性问题的小组讨论、修辞拆解和文字重构活动(如:用"be alive with"造句,描述一个你心中城市的文化活动和城市面貌)等活动帮助学生绘制动态文化地图,体会文化的活跃性和延续性。

2. 难点分析

本单元教学难点在于引导学生结合背景知识,聚焦本文信息,剖析两个城市不同的文化复兴路径——创新和传承。

(1)语言运用与表达。

通过对比西安和佛罗伦萨文化复兴路径的不同,学生能够学会用多样的语言方式表达对文化现象的理解,进而提高其语言运用的多元性和灵活性。

(2)阅读理解与批判性思维。

通过对两个城市文化复兴路径的分析,学生不仅要识别文本中的具体信息,还需要通过批判性思维加深对文化复兴及其现实意义的理解。学生能够学会在阅读中提炼作者隐含的观点和意图,并结合实际情况进行反思,提升其批判性思维能力,加深独立思考的深度。

(3)文化反思与价值判断。

通过探究西安和佛罗伦萨复兴路径中可资借鉴之处,学生可以反思并判断这两座城市如何在现代化过程中保持其文化活力,并根据其独特的文化特征和发展需求,提出自己对文化复兴路径的评价。这样的思考不仅帮助学生建立文化认同感和价值观,还能够培养他们对社会现象和文化动态的敏感度,进而提升其综合判断力和文化反思能力。

(五)教学目标

在本课结束时,学生能够:

(1)通过浏览标题、图片和首句,了解文章大意、辨识结构,并对比西安和佛罗伦萨的特点,从而加深对标题"历史复活的地方"的理解;

(2)通过探讨具体地标或短语(如"兵马俑""发源地""充满活力")的历史、社会和现代背景,分析其文化象征意义与重要性;

(3)通过比较西安与佛罗伦萨的城市复兴举措,探索并反思文化复兴与传承的概念，并讨论这些策略如何应用于自己城市的发展；

（4）通过口语与写作任务，就文化保护与创新表达个人观点，培养批判性思维并将所学概念应用于现实生活情境中。

（六）教学过程

本课时教学全程在英语互动的环境中进行，以下为英文实录的教学过程。

I. Pre-reading

Interactive Task 1: Approach the topic.

> T: Ask students to match the pictures of different cultural objects (Terracotta Warriors, Two Wild Goose Pagoda, Silk Road, Ancient City Wall, Pasta, The Duomo, Uffizi Gallery, etc.) with Xi'an and Florence respectively and explain their cultural symbolism.
>
> Ss: Make the connections and share the answers and reasons behind the choices.
>
> Purpose: To activate prior knowledge, spark the students' curiosity about the cities' rich histories and lay the foundation for further exploration of cultural dynamics in the lesson.

Guiding questions:

1. How do these landmarks represent the essence of their cultures?

2. How does food reflect its historical and geographical significance?

3. Which famous artists or architectural styles are associated with each city?

II. While-reading

Interactive Task 2: Have a rough idea of the text.

> T: Prompt students to identify the key characteristics of two cities and analyze the structure of the passage by skimming the title, picture and first sentences of each paragraph.
>
> Ss: Talk through how these elements give clues about the overall structure and content of the passage.

Purpose：To grasp the organization of the passage, focus on city characteristics and prepare for deeper analysis.

Guiding Questions：

1. How does the passage organize the information about each city?

2. What characteristics or themes will be highlighted for each city? Why?

Interactive Task 3: Analyze one cultural object's symbolism.

T：Invite students to scan the first paragraph about Xi'an and think about its historical and realistic role in the city.

Ss：Share information about the Terracotta Warriors they may have learned from textbooks or personal experiences and reflect on its significance.

T：Show a short video clip or series of images of the Terracotta Warriors to provide students with a visual understanding of its scale, craftsmanship and symbolism.

Ss：Watch the video, take notes and share Chinese people's belief about afterlife.

Purpose：To deeply understand how one object boosts tourism, embodies cultural symbolism and represents a city's identity.

Guiding Questions：

1. What do you know about the Terracotta Warriors?

2. Why does it stand out among the landmarks in Xi'an and China as a whole?

3. What does this tell us about how ancient Chinese people viewed life after death?

Interactive Task 4: Explore cultural objects through time and historical significance.

T：Ask students to read paragraphs 2 and 3 about Xi'an carefully, highlight cultural objects in the text and complete a cultural web with

Xi'an being the central node and different cultural objects branches in chronological order based on their emergence or prominence.

Ss: Work in groups to place the cultural objects in the order of time.

T: Guide students to present their completed cultural web, explaining the historical significance of each object and its relevance today.

Ss: Give their presentation with reference to the guiding questions, focusing on recurring themes such as cultural symbolism and continuity.

Purpose: To understand the chronological progression of cultural objects and appreciate the historical and contemporary significance of these objects, seeing them as dynamic links between the past and present.

Guiding Questions:

1. How each object has evolved or is preserved today?

2. What values or beliefs does this object reflect from its time?

Interactive Task 5: Contrast how Xi'an and Florence come alive.

T: Ask students to read the section about Florence, underline phrases that show how each city connects its past to its present and complete a table to organize their findings in three dimensions (historical highlights, modern integration and key expressions).

Ss: Present their findings to the class, emphasizing similarities and differences in each city's approach to cultural revival.

Purpose: To identify and contrast how Xi'an and Florence bring their histories to life through preservation, innovation, and cultural integration.

Guiding Questions:

1. How does Florence preserve its Renaissance heritage through galleries and museums?

2. What role do modern businesses, such as shops or restaurants, play in maintaining Florence's cultural vibrancy?

3. What similarities and differences do you see in the way these cities balance tradition and innovation?

Interactive Task 6: Explore the cultural phrases and their deeper meanings.

T: Guide students to figure out the purpose of using figurative language based on the previous task.

Ss: Discuss and present their findings to the class, explaining how each phrase emphasizes a different aspect of the city's cultural prominence, and that these phrases use figurative language to emphasize importance and evoke a sense of pride and vitality.

Purpose: To think critically about how language conveys cultural values and continuity.

Guiding Questions:

1. What do these phrases mean literally?

2. How do they connect to the cultural significance of the cities?

3. What feeling or image do they evoke about each city's role in history or culture?

III. Post-reading

Interactive Task 7: Explore city renewal and cultural revival.

T: Tell students to explore the city renewal process in Xi'an and Florence and apply what they have learnt to a local context.

Ss: Compare Xi'an and Florence's city renewal efforts and integrate the concept of city renewal in their own city.

Purpose: To think critically about how cultural elements can be preserved in urban development projects and apply the ideas learnt in class into real-world urban renewal context.

Guiding instructions:

1. Compare Xi'an and Florence's city renewal efforts by discussing how they balance historical preservation with modern development.

2. Choose one key aspect of city renewal and explain how similar efforts could be applied in your own city to blend cultural heritage and modern development.

3. Figure out the challenges your city might face in balancing cultural preservation and modern development and the strategies for overcoming them.

IV. Assignments

1. *(Required)* Writing: History comes alive in Shanghai.

Write a paragraph to introduce how history comes alive in Shanghai.

You are required to:

● introduce a place of red cultural attraction in Shanghai;

● pay attention to the related expressions and translations;

● analyze how history comes to life in a modern environment.

2. *(Optional)* Presentation: History comes alive in Shanghai.

Prepare a presentation on the topic of history coming alive in Shanghai.

You may:

● think about aspects of Shanghai that demonstrate the reborn of historical elements;

● search the Internet or go on a field trip to collect text, pictures and other information;

● share personal opinions on the connection between history and modern society.

三、文化聚焦：阅读

（一）语篇分析

选取的语篇"*What's in a name?*"是本单元文化聚焦板块的阅读文本，属于"人与社会""人与自然"主题语境，所涉及的话题是"历史、社会与文化"主题群中"重大政治、历史事件，文化渊源"及"自然生态"主题群中"主要国家地理概况"范畴。语篇主要介绍了澳大利亚各地名称背后的历史故事与文化寓意,解释名字不仅是语言使用的体现,更是文化记忆和价值传承的重要载体。

语篇架构严谨,条理分明,通过文本底色设计,巧妙地将引入段落与主体内容区分开来,便于读者阅读。

第一段讲述了作者在澳大利亚旅行时对地名的含义和起源产生浓厚兴趣的经历,从而引出对地点命名方式及其背后历史、语言和文化背景的讨论。

第二、三段为并列结构,作者借助具体实例,分别介绍了澳大利亚土著居民和欧洲移民者的地点命名方式和目的,隐含时间顺序。澳大利亚原住民倾向于依据当地自然环境特征起名,如 Murwillumbah(意为"良好的露营之地")与 Uluru(意为"大岩石"),将他们对自然的细腻观察与敬畏之情融入地名之中,体现了与这片土地深厚的精神联结。而欧洲移民者则更多地沿袭或借鉴了自己国家的历史记忆,如以英国首相之名命名的"Melbourne(墨尔本)",以及纪念英法战争中著名战役的"Waterloo(滑铁卢)",意在将遥远的故乡情感与新大陆紧密相连,构筑起一种文化的归属感与连续性。

第四段总结了澳大利亚地名的多样性和文化背景,并简要列举其他命名方式,鼓励读者进一步探究和思考。

(二)学情分析

本单元教学对象为高一学生,具备一定的英语基础和阅读理解技能,能够较好地理解文本中描述性和解释性的内容。但是,文中涵盖大量澳大利亚的地名,在发音和语义理解方面具有一定的难度。因此,在教学过程中,教师需要充分发挥引导作用,利用地图、图片、音频等,帮助学生正确发音,理解词汇含义以及其背后所蕴含的历史与文化故事。

此外,学生在阅读过程中往往倾向于关注文本中的表层信息,缺乏有效整合分散信息、构建清晰文章框架结构的能力,难以通过对比和深入分析来透彻理解地名背后蕴含的社会和历史的深层联系,以及不同命名方式所反映出的文化价值观、历史背景和对土地认知的差异。教师可以通过设置引导性问题,帮助学生识别并提炼文章中的关键信息,同时积极运用思维导图等工具,可视化地呈现文章结构,增强对文本深层含义的领悟。

由于文本内容广泛涉及澳大利亚土著文化和欧洲移民历史,而这些内容与学生当前的实际生活体验存在一定的距离,可能会构成学生在理解和吸收文章信息及文化内涵上的障碍。教师可以在学前补充相关历史背景资料,帮助学生建立起对澳大利亚土著文化和欧洲移民历史的直观认识。

（三）教学思路

本课时为阅读教学，主要思路可见图6-2：

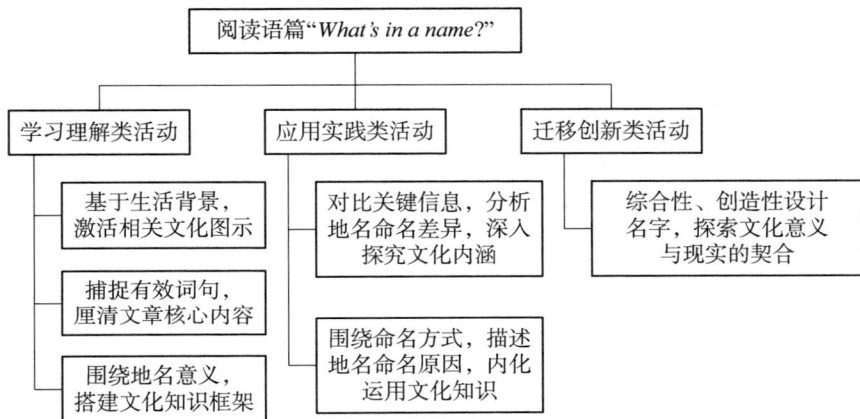

图6-2　本课时教学思路

（1）设计学习理解类活动。

教师鼓励学生基于自己的名字含义进行思考，通过巧妙创设生活情境，激活学生的先验知识与文化背景，引导学生将个人经历与文本中的文化元素相融合，为学生深入理解文章内容及文化背景提供一个良好的起点。

在阅读过程中，教师引导学生精准捕捉关键词句，通过作者提出的两个问题："Where do all these names come from?"和"What can we learn from them?"帮助厘清文章的写作意图和核心内容，为理解命名背后的文化逻辑进行铺垫。在此基础上，教师提供表格作为认知支架，引导学术围绕澳大利亚地名的含义及其命名方式梳理、整合信息，以"原始含义"＋"命名方式"为支点逐步搭建起关于地点命名的系统性文化知识框架。

（2）设计应用实践类活动。

教师引导学生基于知识框架，关注并对比其中的关键信息，深入分析名字背后所反映的人们的情感、价值观以及与文化的关联。通过对语篇中描述性和评价性形容词的剖析，帮助学生体会澳大利亚土著居民对自然的深情厚谊与土地尊崇。语篇中出现的一些地名不仅是地理位置的标记，也象征着原住民对这片土地的深厚情感和精神依赖，传递原住民与土地、与自然界之间的密切关系。

同时，通过对比，教师启发学生关注欧洲移民者将地点命名视作表达强烈的文化认同、寻求归属感的方式。教师通过补充相关信息，丰富学生对于英国探险家詹姆斯·库克船长（Captain James Cook）、英国首相墨尔本（Melbourne）、滑铁卢战役等知名人物或事件的了解，更好地体会地名反映出的移民者将自己母国的历史、人物和文化印记带入新土地的过程。

基于对文本信息的完整提取和深入解读，教师鼓励学生以自己所熟悉的地名为例，分析这些地名的命名方式是否与历史事件、文化认同或自然景观等相关，探讨地名如何映射地区文化背景与社会价值观。通过分析与判断，帮助学生更深入地理解语言所承载的文化内涵及文化信息，从而加深对自己文化背景的认同和对其他文化的尊重。学生在描述、分析和反思的过程中将新的知识结构转化为自我认知和能力，促进语言运用自动化，增强跨文化理解和尊重。

（3）设计迁移创新类活动。

教师创设贴近生活的新的语境，鼓励学生基于新的知识结构，通过合作探究的学习方式，在为学校新大楼起名的过程中，综合考量学校的历史和文化、校区所在地点的区位特色与未来规划、对学生的期望和要求等方面，将文化背景、价值观和现实需求相结合。这一过程不仅涉及知识整合、情境迁移与经验融合，还促使学生深刻体会语言作为文化传承、历史纪录与价值观载体的作用，实现深度学习与能力向素养的转化。

（四）重难点分析

1. 重点分析

（1）借助地图、音频、视频等，帮助学生正确发音、理解地名含义；通过提问，引导学生识别并提炼文章中的关键信息，理解并对比澳大利亚土著居民和欧洲移民命名地点的方式差异，深刻认识到地名与民族历史、文化认同之间的紧密联系；同时积极运用表格等可视化工具，提供文章框架，帮助学生建立基本文化信息结构。

（2）在关于名字、含义与命名方式的新知识结构基础上，通过提问引导学生关注语篇中兼具描述和评价功能的形容词，分析、感悟澳大利亚土著居民命名方式体现的原住民与土地的深厚情感、对自然界的尊重及其生活哲学；通过补充关于相关历史事件及地名介绍的阅读材料，启发学生理解、探究欧洲移民对祖国强烈的归属感和文化认同感，推断其在异国他乡建立文化链接的意图。通过讨论命名方式及其背后蕴含的文化优先级、价值观和社会信念，增强学生对文本深层含义的理解,领悟名字所具有的"文化符号"的价值与意义。

2. 难点分析

本单元难点在于引导学生通过对比和深入分析,透彻理解地名背后蕴含的社会、历史与国家的深层联系,拓宽全球视野,尊重文化的多样性、延续性。

(1)通过阅读文本、提取文本信息,根据词源、语境分析等细致分析不同地名的语义特征,揭示其文化与历史内涵,帮助学生获得文化认知。

(2)以表格形式对两种命名方式进行比较,要求学生在获取信息的同时进行对比思考,深入理解其中反映的社会、历史与文化价值观,增强分析文化现象的能力。

(3)在识别并深度分析命名方式背后体现的思维方式、价值观差异的同时,将思考与探究迁移运用至现实生活,感悟地名具有的丰富内涵,建立对自身所处文化环境的归属感和认同感,提升对本国文化的认同和自豪感,也促进对多元文化的尊重和包容。

(五)教学目标

在本课结束时,学生能够:

(1)通过阅读与信息提取,归纳总结澳大利亚地名的命名特征;

(2)通过对土著住民文化和欧洲文化不同命名策略的比较分析,深入探讨其背后的文化内涵与历史意义;

(3)应用命名策略,创设具有文化和历史价值的命名方案,并阐述其创意来源和命名理由。

(六)教学过程

本课时教学全程在英文互动的环境中进行,以下为英文实录的教学过程。

I. Pre-reading

Interactive task 1: Discuss the meaning behind the name.

T: Ask students to share the meaning of their names. Encourage them to consider different aspects (cultural traditions, family history, good wishes, historical or literary inspiration, event commemoration, pop culture influence, etc.).

Ss: Share their name meanings, explaining why their parents chose their names and any significance behind them.

T: Show Plato's quote "For in naming we speak, don't we?" and ask students to interpret it.

Ss: Analyze the saying based on their name stories.

Purpose: To activate students' prior knowledge of names and their meanings, bridge personal experiences with the themes of the article, and prepare students for the understanding of naming from different aspects.

Guiding questions:

1. What does your name mean?

2. What do you think your name "speaks"?

3. What do we "speak" when we name something or someone?

II. While-reading

Interactive Task 2: Understand the writing purpose and focus.

T: Prompt students to read Paragraph 1 and underline key information that reveals the author's writing purpose and focus.

Ss: Read the paragraph, locate the two questions (Where do all these names come from? What can we learn from them?), and summarize the author's purpose and focus.

Purpose: To help students identify the author's intent and have a rough idea of the key dimensions of the article.

Guiding questions:

1. Why does author introduce the personal experience?

2. What aspects might be involved in the passage?

Interactive Task 3: Identify basic information about the names.

T: Ask students to read Paragraphs 2 to 3. Guide them to extract information about the origin or meaning of various Australian place names and figure out the corresponding sources. Provide a table for them to fill in.

Ss: Read the paragraphs, underline related information, and complete the table.

Purpose: To help students identify key information and establish the basic frame of the naming practices.

Guiding questions:

1. How did people come up with the names?

2. What do the meanings or origins have in common?

Table sample:

Names of places	Meanings/Origins	Naming approaches
Murwillumbah	good campsite	show physical features
Nambucca	entrance to the sea	
Bondi Beach	from the word "Boondi", the sound of water falling over rocks	
Uluru	big rock	
Bougainville	a French place name	borrow the names
Arnhem Land	a Dutch place name	
Melbourne	the name of a British Prime Minister	
Waterloo	a famous battle between England and France	

Interactive Task 4: Analyze cultural significance of place names.

T: Direct students' attention to key expressions (e.g., big hill, tall tree, big rock) and events (e.g., a famous battle between England and France). Provide supplementary reading materials and ask students to discuss how the names reflect the culture and values of the people who named them.

Ss: Discuss in pairs and share their analysis of the cultural significance of the place names.

Purpose: To help students explore how place names embody the cultural beliefs and historical influences of the people who named them, deepening their understanding of language and its connection to society.

Guiding questions:

1. Why do people name places by physical features or borrowed names?

2. What are the differences between Aborigines and Europeans?

Interactive Task 5: Explore the connection between naming strategies and culture.

T: Ask students to read paragraph 4 and identify other naming strategies and their associated purposes. Encourage them to brainstorm examples of Chinese place names that align with these strategies.

Ss: Summarize the information after reading. Find some Chinese place names according to the naming strategy and explain how these examples reflect Chinese cultural or historical values.

T: Encourage students to discuss and reinterpret the quote "For in naming we speak, don't we?" based on their understanding of the passage.

Ss: Have a short discussion and share their interpretation with the cultural insights gained from the passage.

Purpose: To help students explore how different naming strategies reflect cultural values and historical contexts, and deepen their understanding of the connection between language and cultural identity.

Guiding Questions:

1. What are the different naming approaches mentioned?

2. Can you think of any Chinese place names that use similar strategies? What do they tell us?

3. How can naming practices reveal people's priorities, beliefs or culture?

III. Post-reading

Interactive Task 6: Design a name for the new school building.

T: Give instructions and represent an example of a name along with the concepts behind it. Then encourage students to give their versions.

Ss: Work in groups, brainstorm a name based on relevant elements, and share their ideas with the class.

Purpose: To transfer what has been learned to the real life. Help them better foster creativity and deepen the understanding of how names reflect identity and values.

Guided Instructions:

Our school is building a new campus in the Lingang area. We are now looking for a name for the new teaching building. Work in groups of four to brainstorm and decide on a name that reflects one or more of the following dimensions:

- the culture, values, or history of our school;
- the unique features and blueprint of the Lingang area;
- the characteristics of or aspirations for the students who will study there.

IV. Assignments

1. *(Required)*: Writing.

Write a paragraph to introduce the name you give for the new school building.

You are required to:

- introduce the name you've chosen;
- state your reason for the name with detailed information.

2. *(Optional)*: Presentation.

Choose a place nearby and explore the meanings, stories or origins of its name.

You may:

- choose a location near you;
- conduct a field visit or search online to explore the meaning of its name;
- share your findings through a presentation in the form of a tabloid or PowerPoint presentation, etc.

第二节　选择性必修一第4单元教学课例

一、单元教材分析及文化链接

上教版高中英语教科书选择性必修一第4单元以"感官"(Senses)为核心，紧密融入"人与社会"及"人与自我"的主题语境中，尤为注重探讨感官体验与文化之间的深刻联系。本单元不仅深入解析人类五官(视觉、听觉、嗅觉、味觉、触觉)的基本功能及其在日常生活中的不可或缺性，更着重于揭示这些感官如何成为文化表达和交流的独特渠道。通过丰富的学习活动，学生将理解到在不同文化背景下，不同的感官体验如何塑造个体和群体的认知世界方式，以及感官如何在跨文化交流中扮演桥梁角色，以促进理解和共鸣。此外，学生还将探索通过感官协作，增强个人的感知能力，深刻理解和欣赏多元文化独特魅力的方法。选择性必修一第4单元教学内容见表6-2。

表6-2　选择性必修一第4单元教学内容

课时	课时内容介绍	文化链接
阅读与互动 (Reading and interaction)	通过语篇了解感官，感知感官的协同运作机制、不同年龄群体的感知差异，引导学生探究其在现实生活中的运用。	选取的语篇通过深入剖析感官(特别是味觉与其他感官的协同运作机制)在感知味道中的关键作用，以及不同年龄群体在感知上的差异，搭建起一座连接日常生活与文化理解的桥梁。引导学生不仅关注个体感知的生理基础，更鼓励他们探索这些感知体验如何在不同的文化语境中被赋予意义、形成习俗，甚至影响饮食文化和社交习俗的发展。

（续表）

课时	课时内容介绍	文化链接
语法活动（Grammar activity）	语篇讲述了滑雪教练被困雪崩之中获得救生犬营救的故事，要求学生在语篇中正确识别表语从句的特征和意义。	语篇展现了人与自然界的互动关系，体现了人类在面对极端自然挑战时展现出的勇气、智慧以及互助精神，这些都是跨文化中共通的价值观。此外，语篇中救生犬的角色凸显了人类与动物之间的深厚情感纽带，反映出人类对于忠诚、勇敢和无私品质的普遍赞赏。通过学习这一语篇，学生不仅能在语言学习的层面掌握表语从句的用法，还能在文化的层面增进对人性光辉、人与自然和谐共生的理解和认同。
听说（Listening and speaking）	语篇主要是关于主持人和两位受访者的电台访谈，介绍了听障和视障人群真实所听与所见的世界，以及他们如何克服困难，像普通人一样热爱生活、享受生活。	语篇揭示了人类社会对于不同能力群体的尊重、理解和支持，体现了文化中对于"人人平等、共享生活"这一核心价值的坚守。通过学习语篇，学生能够增进对特殊需求群体的认识与同情，还能在更广泛的意义上促进对不同文化背景和人生经历的尊重与接纳，从而构建一个更加包容和谐的社会文化环境。
写作（Writing）	学习有关学校噪音的调研报告，鼓励学生调查和掌握调查报告的格式、内容和语言特征。	通过引导学生关注调研活动，体现学校鼓励学生主动探索和实践的文化氛围；通过探究报告内容，学生可以感受到学校对学生生活质量的关注，体现了以人为本的文化理念；而报告的格式、内容和语言特征，则是学生表达能力、逻辑思维能力以及对科学严谨态度文化价值观的具体体现。
文化聚焦：阅读（Cultural focus: reading）	语篇谈论了作者和旅伴在夜晚宿营时遭遇野兽的经历，细致描写了两个人的反应，通过对他们语言和行为的描述，展示了他们不同的性格特征。	语篇通过细腻刻画两人在危机中的反应及言行，不仅展现了不同个体的性格特征，更深层次地映射了文化背景对个体应对方式的影响。这种差异不仅体现在即时决策与情绪管理上，也隐含了各自文化背景下不同人对勇敢、智慧、团结等价值观的独到理解和实践。因此，这段经历不仅是一次自然探险的叙述，更是对多元文化下人性光辉与生存智慧的生动诠释，促进读者对文化差异的理解与尊重，丰富了文化的多元性与包容性。
文化聚焦：视频（Cultural focus: video）	语篇讲述了有关蜘蛛网的特征、构造原理以及其原理在日常生活中的应用。	通过视频，学生可以了解人类如何从自然中获取灵感，推动技术创新，从而体悟尊重自然、追求实用的文化价值观；增进科学知识，加深对文化与自然交融的理解。

在综合分析单元教学内容之后,教师应当以发展英语学科核心素养为宗旨确定单元教学目标,并根据学生实际水平和学习需求,确定教学重难点。

(一) 单元教学目标

(1) 通过多种途径探索感知世界的奥秘,分析不同群体在感知上的差异及其在日常生活中的体现,理解学习自然界的精妙结构与人类克服障碍、努力探索的勇气;

(2) 运用主题语境适切的词汇、语言、时态,客观介绍运用感官认识世界和了解世界的过程,准确描述个人经历、自然现象和社会现象;

(3) 理解并尊重个体与环境的多样互动,用同理心关注不同群体的需求并提出合理建议,传播弘扬尊重自然、勇于探索的文化价值观。

(二) 课时目标和学业质量描述

板块	课时目标	课时	学业质量描述
阅读与互动 (Reading and interaction)	描述不同群体感受到的食物味道的差异;说明人类的感官如何协同感知味道。	2	2-8 能判断和识别书面语篇的意图,获取其中的重要信息和观点。 2-13 能描述人或事物的特征、说明概念;能概述所读语篇的主要内容。
语法活动 (Grammar activity)	在语境中准确理解表语从句的形式和意义;正确运用表语从句阐释一种你认为最重要的官能。	1	2-11 能理解语篇中特定语言的使用意图以及语言在反映情感态度和价值观中所起的作用。 2-4 在比较复杂的语境中,能口头描述自己或他人的经历,表达情感态度,描述事件发生、发展的过程,描述人或事物的特征,阐释和说明观点。
听说 (Listening and speaking)	捕捉电台访谈中两位视障和听障人士经历的困难和他们的应对方式;根据视障和听障人群的需求和困境提出合理建议;完成一次关于如何改善视障或听障人士生活的采访。	1	2-1 在听的过程中,能抓住熟悉话题语篇的大意,获取其中的主要信息、观点和文化背景。 2-4 在比较复杂的语境中,能口头描述自己或他人的经历,表达情感态度。 2-14 能在表达过程中有目的地选择词汇和语法结构,确切表达意思,体现意义的逻辑关联性。

（续表）

板块	课时目标	课时	学业质量描述
写作 （Writing）	识别与掌握调查报告的格式要求、内容组织和语言特点；用正确格式和恰当语言撰写关于学生对学校餐厅食物口味偏好的调查报告。	1	2-14　能在表达过程中有目的地选择词汇和语法结构，确切表达意思，体现意义的逻辑关联性。 2-13　能在书面表达中有条理地描述自己或他人的经历，阐述观点，表达情感态度。
文化聚焦 （Cultural focus）	抓取故事关键信息，理解人物性格特征；根据已知信息与人物性格特征续写故事。	2	2-8　能识别语篇中的主要事实与观点之间的逻辑关系，理解语篇反映的文化背景；能推断语篇中的隐含意义。 2-13　能概述所读语篇的主要内容或续写语篇。
	概括蜘蛛网的特征；简述悬索桥与蜘蛛网的联系。		2-3　能借助图片、表格、动画、视频片段、示意图等多模态资源，更准确地理解话语的意义。 2-14　能在表达过程中有目的地选择词汇和语法结构，确切表达意思，体现意义的逻辑关联性。
项目化学习活动 （Project learning activity）	查阅资料，探索新技术辅助下充分利用感官感受世界的案例；结合单元主题，选择合适的语言和形式介绍感官的作用。	1	2-4　在比较复杂的语境中，能口头描述自己或他人的经历，表达情感态度，描述事件发生、发展的过程，描述人或事物的特征，阐释和说明观点。 2-6　能在口头表达过程中有目的地选择词汇和语法结构。 2-13　能在书面表达中有条理地描述自己或他人的经历，阐述观点，表达情感态度。 2-14　能使用多模态语篇资源，达到特殊的表达效果。

二、听说

（一）语篇分析

本课时是本单元的听说课时，属于"人与社会"主题语境中的"社会服务与人际沟通"课题群，选取的语篇"*Teenagers with visual and hearing impairment*"

聚焦于视障和听障人士的需求,以及社会所提供的支持和帮助。通过听力材料和口语练习,学生将学会如何更有效地与这些特殊需求群体沟通,理解无障碍环境的重要性,并思考自己能为促进社会包容性做些什么。

该听力语篇为电台采访。主持人对于听障和视障的青少年主要进行了三个问题的采访。第一个采访问题涉及听障和视障人群真实的感官体验,第二个问题有关社会各界对残障人士的各种反应和残障人群相应的感受和诉求,第三个采访问题探讨了听障和视障人群对于其他感官的探索开发。

(二)学情分析

本单元的教学对象是高二的学生,学生在接近两年的高中学习过程中,已经具备一定的英语听力基础:能够听懂日常对话、简单的新闻播报,能够捕捉对话或独白中的关键信息,如时间、地点、人物和事件等;在听力过程中已经学会了一些基本的策略,如预测、推断、记笔记等。但在面对复杂、长篇的听力材料,例如涉及专业术语、文化背景知识或复杂逻辑关系的听力材料时,学生往往难以准确理解。

在口语表达方面,学生能够进行基本的交流,但在表达的准确性和流利性方面仍有待提高。他们可能会因为缺乏与特殊人群相关的背景知识而导致词汇量不足,影响口语交流的效果。另外,虽然学生已经了解到视障和听障人士的需求,但在实际交流中,他们可能缺乏无障碍沟通的意识,例如,在与这些特殊需求群体交流时,他们可能不知道如何提供必要帮助以确保交流的顺利进行。这便需要教师通过板书、多媒体等教学手段的辅助,帮助学生建立相关词汇网,扫除听力和口语交流障碍。

(三)教学思路

本课时为听力教学,主要思路可见图6-3:

(1)设计学习理解类活动。

通过截取听力片段,引导学生通过精听了解听力语篇的特点和涉及的主要人物;梳理听力文本的逻辑框架和事实性信息,帮助学生建构对于残障青少年这个社会群体的认知体系,引导学生深入理解残障青少年的生活状态、心理挑战以及他们所展现出的坚韧精神。

引导学生结合真实情境和文本中残障青少年相关的事实信息,从多个维度思考这一特殊群体的生活困境,让学生认识到自己作为社会成员的责任和义务。

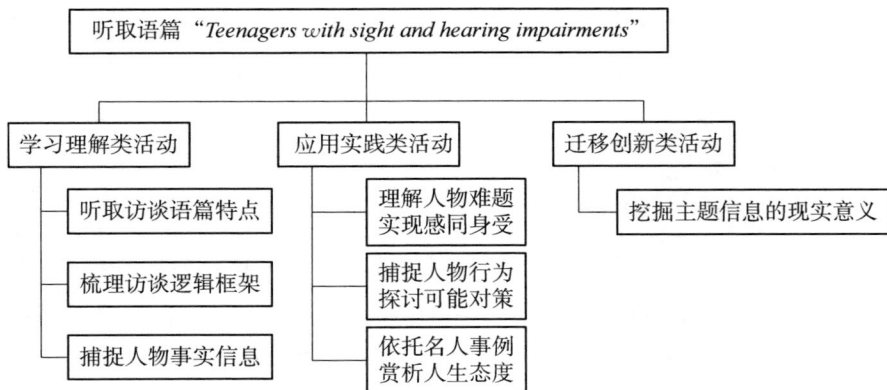

图 6-3　本课时教学思路

（2）设计应用实践类活动。

依托学习理解类活动的产出，分析视障、听障人群在应对不同困难时的真正需求：他们需要的是社会其他人群的包容和尊重，并且聆听他们的真实需求。基于特殊青少年人群的真正需求，鼓励学生探讨相对应的可能对策，将理论知识应用于实际情境中，为解决社会问题贡献自己的力量。

借助小组研讨，紧扣文本内容，依托贝多芬名言"我要扼住命运的咽喉，它绝不会使我完全屈服（I will seize fate by the throat, it will certainly never wholly overcome me）"，引导学生围绕这句名言和"文化"主题展开深入讨论，思考残障人士在不同文化背景下如何展现乐观态度和坚忍精神。通过分享各自的理解和感悟，学生能够更加深刻地认识到，尽管生活中充满了不确定性和挑战，但通过积极的心态、不懈的努力以及跨文化的支持与理解，每个人都有能力创造属于自己的精彩人生。

（3）设计迁移创新类活动。

教师鼓励学生通过角色扮演，利用课堂上所学的跨文化交流知识和技能，组织一场关于残障青少年生活经历、愿望及挑战的访谈，理解残障青少年的身心和社会问题，捕捉到这些问题在不同文化背景中的表现形式和解决方案。

通过访谈，鼓励学生更深入地了解残障青少年在不同文化背景下的生活体验和愿望，建立跨文化的情感共鸣和共情，从而培养学生的文化包容性，使他们能够更加敏感地理解并尊重不同文化背景中的个体和群体。

同时,鼓励学生思考如何在跨文化交流中发挥自己的作用,为不同文化背景下的残障青少年提供帮助和支持,引导学生探索自己在全球化社会中的文化责任,以及如何通过实际行动来推动跨文化的理解和包容,为构建更加公平、包容的社会贡献力量。

(四)重难点分析

1. 重点分析

(1)深化听力理解能力:引导学生调用各种听力策略(如预测、推断、听大意、记笔记等),深入理解采访类听力文本的特点,包括主要人物、逻辑框架和事实性信息;通过梳理听力文本,帮助学生构建关于残障青少年社会群体的认知体系,使其能够全面、深入地了解这一群体的生活状态、心理挑战及坚韧精神。

(2)培养多维度思考能力:引导学生结合真实情境和听力文本中的事实信息,从多个维度思考残障青少年的生活困境,如社会融入、教育支持、心理需求等;激发学生对社会成员责任和义务的认识,鼓励他们思考如何为残障青少年提供支持和帮助。

(3)提高应用理论知识能力:依托学习理解类活动的产出,教师引导学生分析视障、听障人群在应对不同困难时的真正需求,特别是社会对他们的包容和尊重;鼓励学生基于这些需求,探讨可能的对策,并将理论知识应用于实际情境中,为解决社会问题贡献自己的力量。

2. 难点分析

本课难点在于引导学生深入理解残障青少年的生活困境与心理挑战,培养情感共鸣与同理心,同时强化社会包容性与尊重意识,并鼓励学生将理论知识应用于实际情境中解决社会问题。

(1)语言运用与表达。学生需通过精准的听力理解,捕捉听力材料中关于残障青少年生活状态和心理挑战的关键信息,并运用恰当的语言表达对这些信息的理解和感受。这一过程不仅考验学生的听力理解能力,还锻炼他们的语言组织和表达能力,以及将听力内容转化为个人情感表达的能力。

(2)情感共鸣与同理心的建立。学生需通过深度聆听,理解残障青少年在特定情境下的心理体验和感受。在此基础上,他们要能够构建同理心,即设身处地地想象自己若是一名残障青少年所处的境遇,感受他们的喜怒哀乐。这一难点要求学生具备高度的情感敏感度和同理心构建能力,以便在听力过程中产生强烈的情感共鸣。

（3）社会包容意识与行动导向。学生需通过听力材料认识到社会对残障人群的包容和尊重的重要性，并且要能够在听力后产生积极的行动导向，即思考如何在日常生活中践行这一理念，为残障青少年提供实际的帮助和支持。这一难点要求学生具备将听力内容转化为实际行动的能力，需要强烈的社会责任感和包容性意识。

（五）教学目标

在本课结束时，学生能够：

（1）通过泛听，识别听力材料的体裁、主题、说话者身份；

（2）通过精听，分析说话者与同龄人和教师的互动，探讨他们的多重生活困难；

（3）将课堂所学迁移到现实场景中，结合补充视频进行反思、分析，并以行动导向的方式提出解决方案或应对策略。

（六）教学过程

本课时教学全程在英文互动的环境中进行，以下为英文实录的教学过程。

I. Pre-Listening

Interactive Task 1: Approach the topic of "sensory impairment".

T: Ask students about their sensory experiences during the holiday and how much they rely on the senses.

Ss: Share their recent holiday experiences and reflect on how important their senses are in these experiences.

T: Offer the idea of sensory impairments and ask how the impaired might navigate similar activities.

Ss: Guess the meaning of impairment from the context. Imagine how sensory impairment may impact people's experience by responding to the questions.

Purpose: To create a natural curiosity and empathy that leads into the topic in a relatable way.

Guiding Questions:

1. Suppose now you have a five-day homework-free holiday, how would

you like to spend the days?

2. What would the holiday be like if all of your senses went missing?

3. What might "impairment" mean?

II. While-listening

Interactive Task 2: Listen to clips for background information.

T: Play the beginning part of the audio clip. Ask students to identify the genre, main characters and predict the main points to be covered in the audio.

Ss: Listen to the beginning part, extract the main characters and make a prediction about the interview.

T: Play two more questions of the presenter and ask students to present the main topic of the interview.

Ss: Listen to questions put forward by the presenter, check the predictions.

T: Give scenarios and ask students to imagine the challenges faced by teenagers without full vision or hearing and work out strategies for the characters.

Ss: Imagine impaired teenagers' life experiences.

Purpose: To help students have a rough idea of the background information, capture some features of an interview and establish an emotional bond with the topic.

Guiding Questions:

1. Who are involved in the interview? Is there anything in common between the interviewees?

2. What do you want to know about the teenagers?

3. What aspects are covered in the talk?

Interactive Task 3: Listen for details about the teenagers' sensory perceptions.

T: Play part of the audio clip about teenagers' sensory perception, ask students to complete the table on the worksheet about characters' real experience of real world.

Ss: Listen to the audio, fill in the table about key details. Empathize with the teenagers in terms of their hardship in life by means of real-life experiences.

Purpose: To help students explore the real problems facing impaired teenagers by applying practical scenarios.

Guiding Questions:

1. How do teenagers view and hear the world?

2. Suppose you now go to a concert with them, what the experience would be like for them?

Interactive Task 4: Listen and focus on how the teenagers feel when they interact with others.

T: Play the second part of the interview for the first time, prompt students to follow up the table about Emily and Nick's reactions and guide them to think how these reactions will shape their view of themselves and their ways of getting along with others.

Ss: Students listen to the audio, complete the table and analyze the feelings of both based on people's reactions to them and their coping strategies.

T: Prompt students to dig deep into the cause of impaired teenagers' feelings.

Ss: Analyze the reason for impaired teenagers' having such feelings by exploring both the normal people and impaired teenagers' motives behind their reactions.

Purpose: To help students to empathize with impaired teenagers and look for appropriate ways to communicate with impaired teenagers in meaningful discussions.

Guiding Question:

What problems do Emily and Nick encounter in daily life?

Interactive Task 5: Appreciate the acuity of senses.

> T: Play the third part of the interview, ask students to take notes of the differences and similarities between the two teenagers' way of applying senses.
>
> Ss: Listen to the audio, take notes and reflect on the Emily and Nick's different approaches to tapping into their senses.
>
> T: Display a quote from the famous musician Beethoven with hearing impairment, and inspire students to explore their understanding while associating the musician's own experiences with the impaired teenagers'.
>
> Ss: Read the quote and share their understandings by Comparing the experiences of Beethoven, Emily and Nick.
>
> Purpose: To help students further understand sensory impairments, empathize with people's challenges and strengths and advocate for inclusiveness and acceptance in communities.

Guiding Questions:

1. What are the differences and similarities in Emily and Nick's way of exploring senses?

2. Can you share your understanding of the quote by applying the life experiences of Beethoven, Emily and Nick?

III. Speaking

Interactive Task 6: Organize an interview about the impaired teenagers.

> T: Ask students to form a group of four, and act as the presenter, teenagers with impairment and volunteers to offer help. Lead students to form a complete interview by applying what they have learnt in class.

> Ss: Discuss with group members to summarize the physical and social problems these teenagers face, describe the possible wishes of the teenagers and how students themselves can make a difference.
>
> Purpose: To empower students to synthesize what they've learned in class to real scenarios and provide possible solutions to the impaired teenagers' dilemma.

Guiding Instruction:

Form a group of four. Make an interview about teenagers with impairment. The four students should act as different roles to present a complete interview for the viewers.

IV. Assignments

1. *(Required)*. Closing Speech: Your ideas about the impaired.

Suppose you are the interviewer of the radio interview. Form a closing speech for the radio interview to include the challenges and possible solutions.

You are required to:

- introduce the possible challenges facing the impaired and possible solutions;
- pay attention to the related expressions and translations;
- make proper suggestions on how to communicate with these impaired people.

2. *(Optional)* Presentation: More to be done to help the impaired.

Prepare a presentation on the topic of how modern technology can be applied to help the impaired.

You may:

- think about the possible aspects of modern technology helping the impaired;
- search on the Internet or go on a field trip to collect text, pictures and videos;
- share personal opinions on how technology can make the life of the impaired better.

三、文化聚焦：阅读

（一）语篇分析

选取的语篇"*A Walk in the Woods*（《林中漫步》）"出自上教版高中英语教科书选择性必修第一册第 4 单元"Senses"。该语篇是本单元文化聚焦板块的阅读文本，属于"人与社会""人与自然"主题语境，所涉及的话题是"文学、艺术与体育"主题群中"小说、戏剧、诗歌、传记、文学简史、经典演讲、文学名著等"范畴。语篇的作者是美国畅销小说家比尔·布莱森（Bill Bryson），内容主要讲述了作者与朋友斯蒂芬·卡茨（Stephen Katz）在阿巴拉契亚小道露营时的一个晚上，遇到神秘动物的惊险经历。

本文的引言部分介绍了比尔·布莱森是一位著名的美国作家，他的作品涉及他在英国、美国和澳大利亚的生活。在《林中漫步》这本书中，他描述了他和朋友在 3 540 公里长的小道上遇到的各种经历，包括遇到野生动物和有毒植物等。在语篇节选部分中，比尔讲述了在他听到帐篷外奇怪声音的那一晚上都发生了些什么。作者通过第一人称进行叙述，通过感官描写、人物对话、悬念创设、幽默反转等手段，让读者更直接地感受到叙述者当下的紧张情绪和出其不意的趣味性。

（二）学情分析

本单元的教学对象是高二学生，学生在一年多的学习过程中，已经基本具备在阅读中把握文章脉络、获取主要信息、捕捉细节内容的语言学习能力，能够有意识地关注语言和动作背后蕴含的人物情感。学生对文学作品也有简单接触，清楚阅读文学作品时应该关注时、地、人和事件等基本要素。同时，本节课处于单元的第 6 课时，学生已经对"Senses"这一主题开展了有意义的学习，掌握了相关词汇和句型。

但是，从内容而言，有些学生对本文所涉及的阿巴拉契亚小道及其地理地貌特点缺乏背景知识，这为理解情节和感知主旨深意增加难度。在写作手法上，部分学生对于小说借助感官描写渲染氛围、刻画人物、推动情节这一技巧缺乏直观的感受；同时，由于表述、文化习惯差异，部分学生对于识别斯蒂芬语言和行为中透露出的幽默感方面可能存在一定难度。因此，教师需要给予及时指导，引导学生结合生活情境，注重深入挖掘文本信息，分析人物情感变化和性格特点,开展语言、意义、文化内容的探究。

(三) 教学思路

本课时为阅读教学,主要思路见图 6-4:

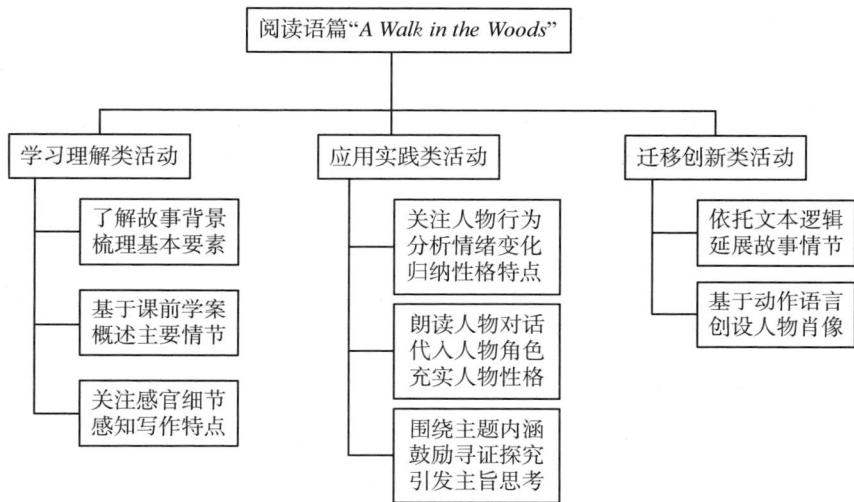

图 6-4　本课时教学思路

(1) 设计学习理解类活动。

了解故事背景,梳理基本要素。通过情境导入,激活学生已有知识和经验;利用相关自然风景图片和主人公照片,帮助学生建立对故事文化背景(美国荒野文化、户外探险精神等)的初步认识,为理解文本中的文化价值取向作铺垫。

基于课前学案,概述主要内容。引导学生在课前借助学前案仔细阅读文章,以逻辑图和表格的形式梳理概括文章基本要素、主要情节变化。

关注感官细节,感知写作特点。借助层层深入的问题链设计,引导学生深入探究森林冒险中不同感官的参与。例如,通过基础感知类问题,如"What did they hear in the woods?",引导学生关注小说中对于自然环境的细腻描绘,感受森林作为一个文化符号所承载的丰富内涵。帮助学生还原场景,促使他们思考声音如何成为连接人与自然、人与文化的桥梁。接着,通过情感体验类问题,如"How do you feel about these sounds?",鼓励学生体会不同声音所引发的情绪反应,以及这些情绪如何与森林探险的文化背景相呼应,促进学生对文化情感的共鸣与理解。然后,通过深度解析类问题,如"What's the purpose of describing these sounds in the novel?",引导学生深入探讨作者是如何运用感官描写增强故事的沉浸感和真实感,以及这些描写如何反映作者对于自然、文化和人性的独特见解。这些问题鼓励学生从文化视角出发,分析小说的写作特点,理解其背后的文化意图。

(2) 设计应用实践类活动。

关注人物行为,分析情绪变化,归纳性格特点。教师引导学生关注在森林徒步中遇到突发事件时人物的不同动作,引导学生分析在此过程中人物的情绪变化和人物不同的性格特征。比如比尔在发现不明声响后,迅速坐起身(sit up),本能地伸手去拿刀(reach for the knife),低声与同伴交流(whisper),采取跪姿移动(move on knees),这些行为不仅展现了他冷静、警觉且富有生存智慧的一面,也体现了某些文化中对自然界的敬畏之心和自我保护意识的深刻烙印。

朗读人物对话,代入人物角色,充实人物性格。借助情感朗读(expressive reading)这一教学手段,强调语调、音量、节奏的变化,以丰富学生的听觉体验,引导学生更深层次地代入角色,从而深入分析人物性格特征,并与文化背景紧密相连。例如,在本单元的教学活动中,教师引导学生在朗读中补充人物动作,帮助学生更好地理解和体验人物的内心世界。

例如比尔压低声音、瞪大眼睛等,展现出一种既想探索未知又害怕惊扰什么的矛盾心理。这种细腻的情感表达,反映了在某些文化中,人们对于自然界的敬畏之心,以及在未知面前既勇敢又谨慎的态度。而史蒂芬耸肩(shrugging)和转身(turning over)的动作,以及那句"Everything sounds big in the woods(林中万物皆响)",不仅体现了他对环境的熟悉和适应,而且透露出他从容不迫、带有些许幽默感的性格特征。

通过这样的情感朗读,学生能够更加生动地理解对话内容,还能在潜移默化中感受到不同文化背景下人物性格的多样性和复杂性。这种教学方式,为培养学生的跨文化交际能力和人文素养提供了有力的支持。

围绕主题内涵,鼓励寻证探究,引发主旨思考。基于应用实践类活动中学生对于人物性格的分析与判断,教师通过设问"Is the fear well-founded(恐惧是有依据的吗)?"激发学生对于恐惧这一话题的探究,鼓励其在文本中寻证和评估证据,引发对于人与自然这一主旨的思考。

（3）设计迁移创新类活动。

依托文本逻辑，延伸故事情节。在迁移创新类活动中，设置读后预测的任务，依托原故事的逻辑性，引导学生延展故事情节，开展创造性思考。这一任务不仅是对学生想象力和创造力的考验，更引导他们深入理解并凝练故事背后的文化价值。

基于动作语言，创设人物肖像。基于课中对于小说人物语言和动作的学习，鼓励学生合理化地模仿和创设人物语言和动作描述，增强对于小说主旨的理解，深入理解小说中的文学元素。

（四）重难点分析

1. 重点分析

（1）基于文本信息，深入分析角色情感与性格。

在教学过程中，重点引导学生基于文本信息，特别是比尔和斯蒂芬在面临潜在危险时的动作和对话，深入分析他们在特定情境下的细微情感变化。例如，比尔的警觉、冷静与斯蒂芬的从容、幽默，这些情感反应不仅体现了他们各自的性格特点，也映射了美国探险文化中对于自然界的敬畏之心和户外探险精神。通过细致剖析这些情感与性格特征，学生能够更好地理解角色行为背后的文化动因，增强对文化的感知与理解。

（2）感知词汇情感，领悟感官细节。

引导学生关注文本中特定词汇的使用，如描述自然声音的词汇、人物动作和反应的词汇等，这些词汇不仅传达了具体的情感和氛围，还通过融入感官细节增强了文本的生动性。通过深入分析这些词汇，学生能够更好地理解作者如何通过细腻的感官描写来构建故事场景，以及这些描写如何与文化背景相呼应，共同营造出一种独特的文化氛围。

2. 难点分析

（1）跨文化语境下的语言适应与转换。

在读后续写的活动中，学生可能会遇到理解并模仿特定文化背景下的语言风格的难点。例如，在描述美国林间探险的故事中，作者可能会使用具有地方特色的词汇、俚语或表达方式，这些语言元素不仅反映了故事的文化背景，也构成了故事独特的语言风格。学生需要理解这些语言元素的文化内涵，并能够恰当地在类似情境下模仿使用，以体现对文化的深入理解和运用。

（2）文本中的文化元素与现实生活相联系。

另一个难点在于如何帮助学生将文本中的文化元素与现实生活相联系,形成对文化的全面理解和深刻感悟。例如,在探讨比尔和斯蒂芬的探险经历时,教师可以引导学生思考这些经历与他们自己的生活经历有何异同,以及这些经历如何反映不同文化对冒险、勇气和自由的不同理解和追求。通过这种联系,学生能够更加深入地理解文化的多样性和复杂性,增强对文化的敏感性和包容性。

（3）培养批判性思维和创新能力。

在迁移创新类活动中,如何培养学生的批判性思维和创新能力也是一个难点。虽然设置读后预测任务可以激发学生的想象力和创造力,但如何确保学生在延展故事情节时能够保持对原文逻辑的尊重,同时又能融入自己的独特见解和文化元素,是一个需要仔细斟酌的问题。因此,教师需要提供足够的指导和支持,鼓励学生在尊重原文的基础上,大胆创新,形成自己独特的文化视角和表达方式。

（五）教学目标

在本课结束时,学生能够:

（1）聚焦小说基本要素与感官描写手法,构建起对故事的初步认知与宏观把握;

（2）借助对人物具体行为以及对话的细致分析,洞察角色鲜明的性格特点;

（3）在确保故事逻辑连贯的前提下,对故事进行拓展延伸,提升创造性思维能力。

（六）教学过程

本课时教学全程在英文互动的环境中进行,以下为英文实录的教学过程。

I. Pre-reading

Interactive Task 1: Approach the topic.

T: Elicit pictures and express their opinions about walking.

Ss: Share their positive experience about walking.

Purpose: To warm the class and introduce the topic.

Guiding Questions:

1. What are people in the pictures doing?

2. Do you like walking? Why?

II. While-reading

Interactive Task 2: Comb the structured information.

T: Encourage students to review the "who, where and what" of the story and add some follow-up questions.

Ss: Check their preparatory tasks and answer the follow-up questions.

Purpose: To guide students to grasp the basic elements about the text: cultural contexts, narrative development and characters' relationship.

Guiding Questions:

1. What do you know about Appalachian Trail?

2. What is their relationship, close friends or just friends?

3. What did their experience along the Appalachian Trail?

Interactive Task 3: Understand the literary skills.

T: Invite students to identify different sounds in the woods and ask about their feelings after playing an audio.

Ss: Describe various sounds and share their feelings.

Purpose: To assist students in understanding how literary skills like sensory descriptions can be incorporated into the writing.

Guiding Questions:

1. What did they hear in the woods?

2. How do you feel about these sounds?

3. What's the purpose of describing these sounds in the novel?

Interactive Task 4: Dig into Bill's and Stephen's characters.

T: Ask students to find out their actions, speeches and feelings and make further inquiries about the specific word choices.

> Ss: Locate the information and share their opinions about emotional swings based on the information.
>
> T: Encourage students to read selected lines emotionally and teach students about tone, pace and volume.
>
> Ss: Read the lines emotionally based on the instructions.
>
> Purpose: To put students in the characters' shoes and reflect on their different feelings and personalities.

Guiding Questions:

1. What did they do?

2. Why did Bill move on knees rather than on foot?

3. What's point of putting on a torch?

4. If you were to whisper to a friend nervously, what tone, pacing, volume would you use?

Interactive Task 5: Further explore Stephen's personality traits.

> T: Ask students to figure out the reasons for Stephen's merciless imitation and predict its impact on their relationship.
>
> Ss: Share their opinions from various perspectives.
>
> Purpose: To help students create a multi-dimensional character portrayal by deeply analyzing the writer's use of literary languages.

Guiding Questions:

1. What led Stephen to imitate Bill's words mercilessly?

2. How might this "merciless imitation" impact their friendship?

Interactive Task 6: Evaluate the theme of fear.

> T: Lead students to evaluate the reasonableness of the interwoven fear in the story.
>
> Ss: Clarify the reasoning based on the information from the story.
>
> Purpose: To facilitate the deeper understanding of the common thread,

> contradictions and new insights that do not emerge from a singular perspective.

Guiding Question:

Is the fear well-founded?

III. Post-reading

Interactive Task 7: Create an ending for the story.

> T: Instruct students to add an ending for the story with a focus on friendship, fear or nature, incorporating dialogues, actions and feelings.
>
> Ss: Extend the story based on what they have learnt and how they understand the dynamics of the story.
>
> Purpose: To develop students' creative and critical thinking abilities by transferring what they have learned into a new situation.

Guiding instructions:

Extend the story with the starting sentence: " The next morning, Stephen called me for coffee when I emerged from the tent…"

IV. Assignments

1. *(Required)* Writing: A morning in the woods...

Write an continuation of the story.

You are required to:

- illustrate what might happen between Bill and Stephen in the next morning;
- use dialogues, descriptive words and keep the tone consistent with the original story;
- take into consideration the different personalities of main characters.

2. *(Optional)* Presentation: What really happens in the woods...

Read Page 130 to Page 143 of *A Walk in the Woods*. Make a short presentation. You may:

- take down notes about what really happens in the woods in the next morning;

- share personal opinions about your findings and impressions;

- comment on the different personalities of main characters and their attitudes towards nature and adventures.

第三节   选择性必修二第4单元教学课例

一、单元教材分析及文化链接

本单元的主题是"Inspiration",选自上教版高中英语教科书选择性必修二第4单元,主题语境以人与社会和人与自我为主,单元分别从不同维度向学生呈现了对于人生、公益、英雄主义、领袖精神和个人选择的积极态度。详见表6-3。

表6-3   选择性必修二第4单元教学内容

课时	课时内容介绍	文化链接
阅读与互动 （Reading and interaction）	语篇改编自欧·亨利短篇小说《最后一片常春藤叶》（The Last Leaf），讲述了一位名不见经传的老画家贝尔曼通过他的艺术和无私的行动拯救了一位濒临绝望的年轻画家琼西。故事既充满温暖，又饱含深刻的人生哲理，传递出生命的意义和艺术的力量。	① 个人无私奉献与艺术的力量：欧·亨利的故事通过老画家的无私行为，反映出艺术不仅是个人表达的工具，更是一种鼓舞他人、点燃希望的力量。这引导学生理解文化中个体对社会贡献的价值观。 ② 艺术与生命的联系：故事中的叶子象征生命的延续，能够让学生感受西方文化中艺术对生命意义的深刻探讨。
语法活动 （Grammar activity）	语篇以两个男孩为背景的感人故事为依托，讲述他们通过不懈努力，建立了一个为有需要的儿童提供帮助的慈善机构。在故事情境中，学生不仅能够感受到男孩们的坚持与善心，还可以在真实语境中学习和使用现在完成进行时这一语法点。	① 公益与社会责任：故事中两个男孩成立慈善机构，反映出文化中"善行"对于社会构建的重要性。学生可以从中了解慈善文化以及年轻一代如何影响社会变革。 ② 全球慈善精神：结合现实中如比尔·盖茨和马云等公益先锋，帮助学生拓展慈善精神的全球化视野，感受不同文化中对弱势群体的关注与支持。

（续表）

课时	课时内容介绍	文化链接
听说（Listening and speaking）	通过一段主持人与心理学家的访谈，深入探讨英雄的品质与事迹，引导学生从心理学与社会文化角度理解"英雄"的内涵。通过互动活动"谁是英雄"激发学生兴趣，在推理和讨论中培养语言表达能力和对品质的批判性思考。	① 英雄主义与品质：通过访谈和游戏，引导学生探索不同文化中对"英雄"定义的异同。 ② 心理学视角下的人物品质：结合心理学分析英雄品质，帮助学生理解文化中人格塑造的重要性及其对社会的影响。
写作（Writing）	引入一篇描述杰出青少年模范事迹的文章，引导学生学习范文的语言、内容和结构，深入分析榜样力量的重要性。同时，通过针对"社会缺乏青少年榜样"这一观点撰写回应文章，培养学生的批判性思维与表达能力。	① 青少年榜样的重要性：通过范文和写作任务，让学生思考青少年在社会中的角色和责任，比较中西文化中榜样的标准和影响。 ② 社会责任与文化背景：讨论"社会缺乏青少年榜样"这一观点，引导学生联系自身和社会需求，理解文化中榜样的教育意义和对青少年成长的期待。
文化聚焦：阅读（Cultural focus：reading）	语篇讲述了"南非国父"纳尔逊·曼德拉为争取南非人民自由与解放，甘愿为此付出个人的巨大牺牲与苦难的励志故事。他不仅在漫长的监禁岁月中坚守信念，还以非凡的勇气和智慧引领国家走向和解与繁荣，成为全球范围内追求自由与公正的象征。	① 自由与人权：曼德拉的故事体现了南非文化中追求自由和平等的核心价值观，激励学生思考个人与社会的关系。 ② 跨文化领袖精神：结合全球范围内的伟大领袖（如甘地、华盛顿），帮助学生理解不同文化背景下的个人如何推动历史进程。 ③ 宽容与和解：曼德拉的宽容精神为多民族共存提供了文化范例，让学生感受和平与包容的重要性。
文化聚集：视频（Cultural focus：video）	本文讲述了一个16岁的英国中学男孩，在中止学业后，毅然决定接管并重振家族农场生意的励志故事。面对困境，他凭借创新的思维和不懈的努力，成功带领农场走出了困境，不仅恢复了经济效益，还为家族注入了新的活力。这个故事展现了年轻人勇于承担责任、敢于挑战困境的精神，凸显了毅力、智慧和决心在实现目标过程中的重要性。	① 青年创新与传统产业的结合：16岁英国男孩振兴家庭农场的故事展现了英国文化中对农业传统的珍视与青年创业精神的融合。 ② 家族企业与个人成长：帮助学生理解家庭与事业传承在文化中的重要意义，以及个人如何在文化环境中实现自我价值。

（一）单元教学目标

（1）识别语篇或多模态资源中的内容要点，挖掘小说人物、历史人物性格，描述人物品质、成就和社会影响；

（2）有目的性地在口头或书面表达中，选择合适的语法时态，在情境中理解现在完成进行时的用法及使用教学；

（3）通过从文化角度解读小说人物、历史人物以及身边人物，深入了解他们所处时代的背景，培养学生的批判性思维能力，反思个体社会责任感。

（二）课时目标和学业质量描述

板块	教学目标	课时	学业质量描述
阅读与互动（Reading and interaction）	探究小说人物性格和品质。	3	2-9　能识别语篇中的内容要点和相应支撑论据。 2-13　能描述人物的特征，说明概念。
语法活动（Grammar activity）	在语境中有意识地运用现在完成进行时。	1	2-2　理解语篇选用的语法结构所实现的特殊表达效果。 2-6　能在口头表达过程中有目的地选择语法结构。
听说（Listening and speaking）	理解并描述英雄人物的品质、成就和社会影响。	1	2-1　在听的过程中，能获取语篇主要信息和观点。 2-4　在比较复杂的语境中，能口头描述人物的特征，阐释和说明观点。
写作（Writing）	运用适切的语言和结构给报社写一篇回应文章。	1	2-8　能识别语篇中的主要事实与观点之间的逻辑关系。 2-13　能在书面表达中有条理地阐述观点。
文化聚焦（Cultural focus）	评价历史领袖的品质；描述一个16岁的自立英国男孩生活。	2	2-8　能理解语篇反映的文化背景。 2-3　能借助图片、视频片段等多模态资源，更准确地理解话语的意义。

二、阅读与互动

（一）语篇分析

本课时为写作课时，要求写一篇回应文章，属于"人与社会""人与自我"主题语境，学生以"寻找身边的榜样"为话题，陈述自己的观点，并在书面表达中有条理地使用细节来阐述观点。教材提供了一篇与话题相关的范文,用丰富的事例、数字和引言支撑核心论点。在教学过程中,教师需要践行以读促写,引导学生充分观察,分析范文的结构、内容、语言特点,再使用准确的语言和生动的事例,有理有据地支撑观点。

在文化意识培养角度,通过树立榜样,学生不仅能够从具体的行为和事迹中汲取力量,更能在这个过程中理解和继承社会所推崇的美德,形成对这些美德的认同。树立榜样的过程实际上是文化意识培养的一种方式,它帮助学生认识到自己在社会文化中的角色,并激发他们提升文化认同感和社会责任感。通过学习榜样的精神和行为,学生能够更好地理解自己应当在社会中承担的责任,并在未来成为他人学习的榜样,进一步推动社会的进步和文化的传承。

(二)学情分析

本单元的教学对象是高二学生,他们在近两年的高中英语学习中,已能够梳理文本结构,运用略读、寻读等技能有效获取文本信息,并能识别语篇中主要事实与观点的逻辑关系,具备一定的逻辑思辨能力和写作技能。然而,针对议论文写作形式,学生是首次接触,尤其在结构框架的把握上还不够清晰。学生可能会对如何组织观点、如何提出论证并有效支持论点感到困惑。因此,本单元将帮助学生掌握议论文写作的基本结构,逐步引导他们理清文章框架,明确各部分功能,提升论证能力,并加强在实际写作中的语言表达能力。

本课时话题为"学生身边的榜样",贴近学生生活,易于调动学生兴趣。文本语言对于高二学生来说难度不大,难度主要体现在学生看懂范文文本之后提炼范文内容的写作技巧,并且在实际写作的过程中将范文的叙事逻辑、例证方法迁移到自己写作当中。因此教师要通过问题链的设计引导学生充分探究范文的叙事和例证方法,生成写作清单,引导学生真正做到以读促写。

在文化意识方面,高中学生的知识面主要局限于课本知识,对于物质文明与精神文明的关联、文化价值的多样性等方面的理解较为浅显。学生并不了解如何从身边的人和事中汲取文化知识,尤其是如何通过了解优秀的文化培养自己的文化品格,涵养人文和科学精神,以及坚定文化自信。教学中需弥补这一不足,通过引导学生关注和理解身边人物事迹及其对他人的贡献,帮助学生认识到文化知识不仅仅包括物质文明层面的成就,还涵盖了精神文明和人文精神的深远影响。

（三）教学思路

本课时为写作教学，主要思路见图 6-5：

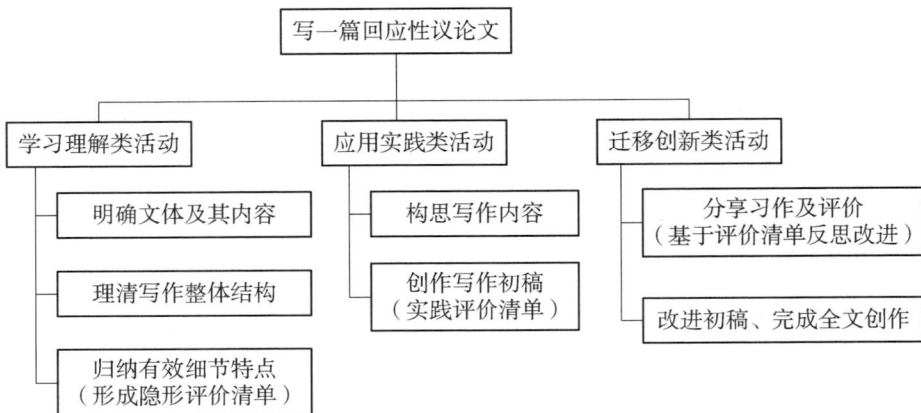

```
                    ┌─────────────────┐
                    │  写一篇回应性议论文  │
                    └─────────────────┘
          ┌────────────────┼────────────────┐
  ┌──────────┐      ┌──────────┐      ┌──────────┐
  │ 学习理解类活动 │      │ 应用实践类活动 │      │ 迁移创新类活动 │
  └──────────┘      └──────────┘      └──────────┘
       │                  │                  │
  ┌──────────┐      ┌──────────┐      ┌──────────────────┐
  │ 明确文体及其内容 │      │ 构思写作内容  │      │   分享习作及评价    │
  └──────────┘      └──────────┘      │ （基于评价清单反思改进） │
       │                  │          └──────────────────┘
  ┌──────────┐      ┌──────────┐      ┌──────────────────┐
  │ 理清写作整体结构 │      │  创作写作初稿  │      │ 改进初稿、完成全文创作 │
  └──────────┘      │ （实践评价清单） │      └──────────────────┘
       │          └──────────┘
  ┌──────────────┐
  │  归纳有效细节特点  │
  │ （形成隐形评价清单） │
  └──────────────┘
```

图 6-5　本课时教学思路

（1）设计学习理解类活动。

老师引导学生基于范文，明确写作文体和结构框架，归纳有效细节特点。学生需要基于文体，明确写作的目标：围绕某个观点或话题展开反思，并提出自己的看法。在正文部分，学生需要通过具体的事例、数据或引用等有效细节来支持自己的观点。为了避免事实性信息无序堆砌，教师应帮助学生建立逻辑脉络。

在第二段中，教师通过问题链，引导学生关注主人公李一凡(Li Yifan)对自然的热爱从兴趣的萌发到行动的持续，从个人的感悟到对他人分享的递进过程，每一步都紧密联系，构成了一个完整的逻辑链条，突出展示了李一凡作为青少年榜样的特质。基于此，教师引导学生运用所学知识，通过小组合作的形式分析第三、四段在主题句引领下的文本脉络，并探究文化每个活动的文化内涵。形成如下逻辑链：

动机来源——观看纪录片学习到自然世界的多样性——文化传承。

实践探索——外出考察和观察自然，付诸实践——文化认同。

持续行动——学习绘制和记录植物，创办"植物园"——文化创新。

社会互动——分享成果，影响群体关注、亲近自然——文化传播。

（2）设计应用实践类活动。

教师给予指令，引导学生借助隐形评价清单，完成段落写作。基于阅读范文，学生总结归纳出的隐形写作清单涵盖了语言特点、写作策略等多个方面，为学生的自主写作提供了有效的支撑和帮助。

（3）设计迁移创新类活动。

通过同伴互助、师生共读，学生基于校对清单，反思改进自己文本，评价优化同伴文本。初稿写作完成后，学生通过评价清单对同伴作品进行互评，运用批判性思维分析并提出建议。这样不仅帮助学生巩固写作策略，还能在互评中客观看待自己的作品，发现不足之处。教师根据学生的习作和互评反馈，提供即时指导，解决共性问题，强化写作技巧。这一过程不仅促进了学生之间的交流与合作，也提升了学生自我反思和写作能力，为后续写作改进奠定基础。

在评价中，除了写作技巧和结构外，教师还要有意识地引导学生关注以下两个问题来深化学生对于文化的关联性。第一，是否确立文化关联，即榜样的个体行为是否体现了文化中的核心价值观（如诚信、责任、尊重等）？第二，是否确立文化认同，即榜样的影响是否超越个人层面，扩展到更广泛的群体，帮助更多人接纳文化价值？

（四）重难点分析

1. 重点分析

（1）教师通过引导学生深入分析范文文本，鼓励学生关注回应性议论文的写作结构和策略（如增加事实信息、数字、引言的描写，关注逻辑衔接词的使用等），生成隐形校对清单，实现以读促写；

（2）教师启发学生基于校对清单创作自己的"身边榜样"段落，并基于清单，进行学生互评、师生互评，将写作策略落到实处。

2. 难点分析

本课时难点在于启发学生利用写作清单，对自己或他人的文章进行针对性的评价并提出落到实处的具体建议。

（五）教学目标

在本课结束时，学生能够：

（1）通过分析范文，掌握回应性议论文的结构，并探究其内容特点；

（2）以"我身边的榜样"为主题，撰写内容充实、逻辑严密的段落；

（3）根据评价清单，开展同伴互评，提出修改建议，并修改完善。

（六）教学过程

本课时教学全程在英文互动的环境中进行，以下为英文实录的教学过程。

I. Pre-writing

Interactive Task 1: Approach the topic.

T: Raise questions about whether students have role models within the scope of their class. Lead students to focus on the opinion of a famous writer.

Ss: Name the person that they admire and judge the writer's opinion.

Purpose: To introduce the topic and inspire critical thinking.

Guiding Questions:

1. Is there any person that you admire in your class? Who are they?

2. How will you respond to this famous writer's opinion?

II. Reading for writing

Interactive Task 2: Explore the general structure of the sample text.

T: Ask students to skim the title, the first paragraph, and the first sentence of each paragraph. Encourage them to identify the literary form and the overall structure of the text.

Ss: Skim the text. Recognize the literary form and identify the structure of the text.

T: Guide students to add an opposing argument in the appropriate place and state its necessity.

Ss: Analyze the opposing argument, put it in the proper place and state its function.

Purpose: To guide students to grasp the outline of a response essay and know how to structure a refutation argument.

Guiding Questions:

1. What's the writing purpose of the first paragraph?

2. Is it necessary to add an opposing argument?

3. In what way does the writer support his own argument?

4. Did the writer mention any new ideas in the last paragraph?

Interactive Task 3: Analyze the sample writing and develop writing checklist

---

T: Invite students to tap into paragraph 2 to 3, and figure out what specific action Li Yifan took.

Ss: Circle the actions of the main character Li Yifan.

T: Guide students to figure out the logic flow from the actions.

Ss: Break down the sentence by sentence to figure out how a spark develops into a concrete action.

T: Give a simplified version of the description of Li Yifan with only key action. Encourage students to compare the two versions, state their preference and illustrate the reasons behind.

Ss: Compare in pairs and summarize the elements that make the essay convincing (facts, quotations, etc.).

T: Guide students to think about the features that make the sample more logical.

Ss: Work in pairs to conclude the writing strategies (contrasts, cause-effect, transitions, time order, etc.) and give examples.

Purpose: To enable students to understand the key elements of a convincing and logical argumentative writing and form an implicit checklist for the following writing task.

Guiding Questions:

1. Have you found the logic flow based on the topic sentence?

2. Which of the two versions is more convincing? Why?

3. How does the writer put various evidence in a logical order?

III. While writing

Interactive Task 4: Write a paragraph to introduce a role model.

T: Encourage students to think about a role model around them, brainstorm his/her qualities and form a paragraph by themselves with the checklist in mind.

Ss: Brainstorm the key features of the person and write their own paragraph with the help of the checklist.

Purpose: To encourage students to apply the writing strategies into practice by forming a convincing and logical paragraph.

Guiding Instruction:

Brainstorm your own role model and write a paragraph describing his/her most impressive quality with the help of the checklist and outline mentioned before.

IV. Post writing

Interactive Task 5: Evaluate peer work with the help of the checklist.

T: Encourage students to share their own work and invite other students to comment on the writing based on the framework of the checklist.

Ss: Share the writing in groups. Comment on other classmate's work based on the key elements of the checklist.

T: Select a student's version to elicit the commentary from the angles of logic and persuasiveness and suggestions for the second draft.

Ss: Comment on logic or persuasiveness, referring to the specific words or expressions in the writing, and offer concrete suggestions.

Purpose: To enable students to apply the strategies into practice.

Guiding Questions:

1. Is his/her writing convincing and logical enough?

2. What writing strategies does he/she use?

3. Do you have any suggestions for improvement?

V. Assignments

1. (*Required*) Polish your paragraph based on peer reviews.

You are required to:

- continue if peer-review session is not finished or ask for plans to revise if necessary;
- reread the draft and reflect on the reviews based on the checklist made in class;
- incorporate the feedback selectively based on the "convincing" and "logical" checklist.

2. (*Required*) Form a complete article within 200 words.

You are required to:

- use at least three writing skills to make your composition more convincing and logical;
- make sure the composition is conceptual-consistent and logical-consistent.

三、文化聚焦:阅读

(一) 语篇分析

选取的语篇"*From the Robben Island：The dark years*"出自上教版高中英语教科书选择性必修第二册第 4 单元"Inspiration"。该语篇是本单元文化焦聚板块的阅读文本,属于"人与社会""人与自我"主题语境,所涉及的话题是"历史、社会与文化"主题群中"社会进步与人类文明"及"对社会有突出贡献的人物"范畴。该语篇节选自曼德拉的自传《漫漫自由路》,内容包括曼德拉在罗宾岛监狱的经历及对人生选择的反思。

本文第一至第四段讲述了狱中的曼德拉经历了家人来访、母亲去世这两个关键事件后的内心想法和情绪波动,第五、六两段反映了曼德拉身兼儿子和领袖两种身份的两难抉择,以及犹豫之后依然坚持为国家牺牲小家的理念。

(二) 学情分析

本课时的教学对象是高二的学生,学生在接近两年的高中英语学习过程中,已经基本具备在阅读中借助语篇知识,例如主题句、立论句或话语标记语的知识,把握文章脉络、获取理解信息,并有意识地去关注语言背后的人物情感。但是多数学生在整合知识、逻辑推理和批判评价方面的能力欠缺。

学生对曼德拉有简单了解,但对南非种族隔离的历史背景,以及他作为人民领袖对南非的重要意义并无深层理解,因此教师需要创设充分的情境,引导学生探究文章背景,充分理解曼德拉多重情感,分析其反映出的人物品质。

(三)教学思路

本单元教学课时为阅读教学,主要思路可见图 6-6,即在学习理解类活动中,通过激发学生背景知识、梳理文本事实性信息,帮助学生构建故事框架、体会人物性格;在应用实践类活动中,基于人物对话,分析人物行为背后的目的;结合视频信息,深度解读社会环境、探究文本主旨;在迁移创新类活动中,整合文本信息,迁移运用所学知识到新的情境中,结合自身经历,理性解读曼德拉精神的现实意义。

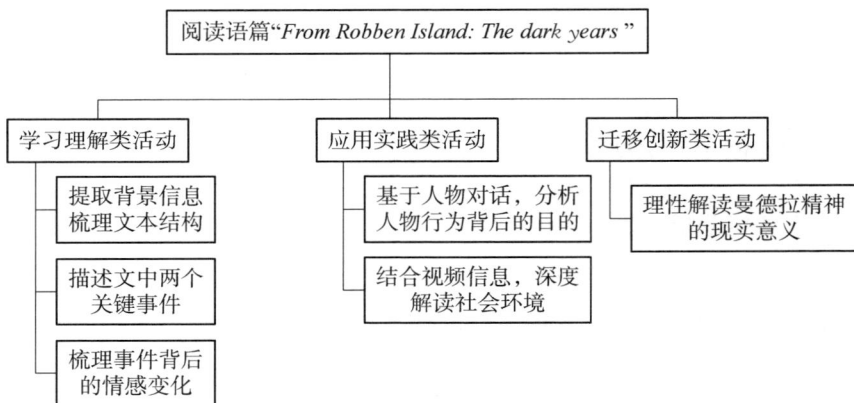

图 6-6　本课时教学思路

(四)重难点分析

1. 重点分析

(1)基于文本信息,通过分析文本中的心理活动描写,激励学生关注曼德拉在经历家人来访、母亲去世这两个关键事件后情感变化,分析曼德拉经历的艰难抉择,探究其反映出的舍小家为大家、不畏艰险、锲而不舍的人物品质。

(2)教师通过引导学生关注人物语言,补充视频资料,引导学生感悟曼德拉时期社会出现的歧视与偏见,从而更体现曼德拉挺身而出的时代意义,对人物有更饱满的认识。

2. 难点分析

本课时难点在于引导学生结合背景知识、聚焦本文信息,分析曼德拉在狱中面对亲人来访和母亲逝世的心理活动：作为儿子，无法尽孝，愧疚不已；作为民族领袖，带领人民反抗种族隔离统治，坚定无悔。由此引发学生思考曼德拉精神的时代内核，并探讨曼德拉精神在今天的现实意义。

（五）教学目标

在本课结束时，学生能够：

（1）通过略读，对文章有大致了解，并通过梳理人物的人生经历和情感，深入理解文章标题；

（2）聚焦长官的话语以及曼德拉的反思，分析特定社会环境下曼德拉的品质；

（3）基于个人生活经历，阐述曼德拉精神的现实意义。

（六）教学过程

本课时教学全程在英文互动的环境中进行，以下为英文实录的教学过程。

I. Pre-reading

Interactive Task 1：Approach the topic.

T：Ask students to guess the meaning of the numbers related to Mandela.

Ss：Voice their guesses about Mandela.

Purpose：To warm the class and introduce the topic.

Guiding Question：

How well do you know about Mandela? Guess the meanings of these numbers.

II. While-reading

Interactive Task 2：Have a rough idea of the text.

T：Ask students to skim the title, picture and first sentences of each paragraph. Encourage students to identify characters, setting and plot of the story.

Ss：Skim the text. Identify the information.

Purpose：To guide students to identify the basic facts about the text and have an overview of the text structure.

Guiding Questions：

1. Where did the story happen?

2. Who were involved in the text?

3. What happened to them?

Interactive Task 3：Figure out the contrast inside and outside prison.

T：Invite students to scan paragraph 1 to 2, figure out what the pronoun "this" stands for. Lead students to understand "stillness" in prison and taste Mandela's feelings based on the "changes" of his mother.

Ss：Answer questions about the pronoun, analyze the reasons for "stillness" in prison, and recognize Mandela's guilt about mother.

Purpose：To enable students to get a deep understanding of the life inside and outside prison.

Guiding Questions：

1. What does "this" refer to?

2. Why does time stand still for prisoners?

3. What caused him to feel time didn't stop outside?

Interactive Task 4：Grab the details about the death of Mandela's mother and the officer's reaction.

T：Ask students to read paragraph 3 and 4, and identify the feelings of Mandela and reasons behind.

Ss：Answer the question about Mandela's feelings with supporting reasons.

Purpose：To guide students to understand the impact of mother's death on Mandela.

Guiding Questions：

1. How did Mandela feel?

2. What might be the reasons behind that?

Interactive Task 5: Explore the social background by reading between/ beyond the lines.

T: Ask students to read emotionally the head officer's words to better understand the implied meaning of "your own people".

Ss: Read the sentence, and interpret the implied meaning of the head officer.

Purpose: To help students to have a glimpse of the social background at that time.

Guiding Questions:

1. Why did the head officer say "your own people" rather than "our people"?

2. If Mandela were given a chance to escape, would he run away?

Interactive Task 6: Understand the implication of Mandela's choice for the whole country.

T: Lead students to read paragraph 5 and 6, and watch a video clip to explore the meaning of Mandela's life choice.

Ss: Give answers about his life choice and reasons behind.

Purpose: To inspire students to analyze the figure from different perspectives.

Guiding Questions:

1. Did he feel regret over his choice? Why?

2. How do you understand "a land of extremes and remarkable contrasts"?

III. Post-reading

Interactive Task 7: Transfer Mandela's wisdom to daily life.

T: Give a sample of the relevance of Mandela's spirit to today's life, and encourage students to give their versions.

Ss: Work in groups, clarify the qualities with Mandela's life experience, and

> state its relevance to each other.
>
> Purpose: To transfer what has been learned today to students' life.

Guiding instructions:

1. Work in groups of four.

2. Clarify the quality you choose with Mandela's life experience.

3. State how it will inspire you in reality with examples.

IV. Assignments.

1. (*Required*) Write a paragraph about how Mandela inspires you in 60 words.

You are required to:

- state one quality of Mandela that appeals to you most——support your argument with his behavioral, verbal or emotional features;

- clarify how this quality inspires you in daily life——illustrate how it shapes your way to navigate the world or influences your relationship, achievement or wellbeing.

2. (*Optional*) Translate lyrics of Glory Days into English.

You may:

- listen to or sing along a Cantonese song dedicated to Mandela;

- work in groups to translate the lyrics into English with dictionaries/e-dictionaries.

四、文化聚焦:视频

(一)语篇分析

选取的视频出自上教版高中英语教科书选择性必修二第 4 单元 "Inspiration"文化聚焦板块,教学内容为课本配套视频。视频讲述 16 岁少年 菲利普·梅林(Philip Mellin)放弃学业、追求梦想、振兴家业、独辟蹊径、有勇 有谋的励志故事。视频内容属于"人与自我"主题语境,所涉及的话题是"做人 与做事"主题群中"未来职业发展趋势,个人职业倾向、未来规划等"及"创新与 创业意识"范畴。

视频开头通过旁白解说、多场景镜头切换，交代人物和故事背景。随着故事情节发展，视频按时间线索层层递进，展示了主人公创业的准备工作、挑战和措施。视频以第一人称和第三人称叙述交替出现，人物语言、表情和动作有鲜明特点，栩栩如生地刻画了主人公心理和性格特点。视频最后以旁白语言收尾，既是对全视频的简练总结，也清晰地传递了主题，引发观众对于梦想的思考，开放式结尾，言有尽而意无穷。

（二）学情分析

本课时的教学对象是高二学生，在单元体系的教学模式下，学生已经了解到了文学作品中的人物、历史人物、身边的人、英雄人物对其生活的启示。

学生已经能够掌握多模态语篇中画面、图像、声音、符号等非文字资源所传递的意义，理解其在建构过程中的作用；在实际学习中，能够基本运用"看"前预测信息，"看"中记录、内化信息，"看"后总结和迁移信息的能力，但在信息记录和内化的质量和速度方面存在差异，需要老师通过借助更多的教学手段，提高学生对于故事内容、主旨的理解和运用。

（三）教学思路

本课时为视频教学，主要思路见图6-7，即在学习理解类的活动中，教师引导学生锁定画面信息，提取主题词汇，为之后视听环节扫清语言障碍；关注片头旁白语言和画面信息，创设人物档案袋；以时间线索为依托，分小组梳理人物行为，为之后探究人物品质作铺垫。在应用实践类活动中，教师鼓励学生关注

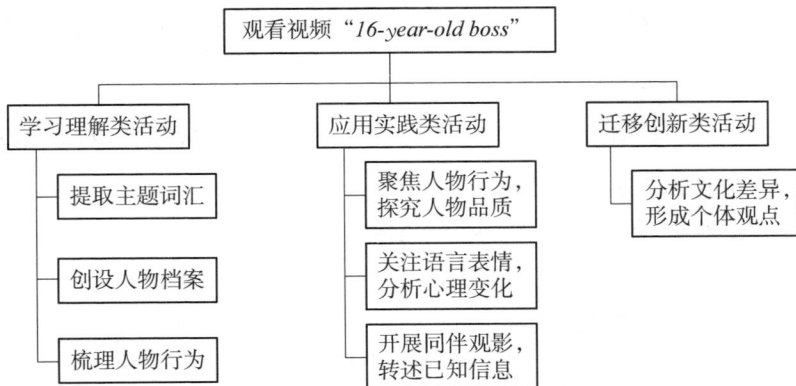

图6-7　本课时教学思路

细节(如人物语言、表情、肢体动作),体会人物心理变化;同伴观看无声视频,基于画面情节转述视频信息,促进语言运用的自动化。在迁移创新类活动中,教师引导学生结合现实,探究少年企业家的可行性和差异性。

(四)重难点分析

1. 重点分析

(1)基于人物语言、表情和肢体动作分析人物心理活动,激励学生关注一个青少年企业家所需要的品质和性格特点。

(2)创设小组观影,反复观看,自主讨论,探究人物品质;同伴互助,概括主旨,整合信息,相互校对,建构自我表达结构的能力。

2. 难点分析

(1)视频人物表达带口音、多俚语表述,学生在理解方面存在困难,需要鼓励学生放下畏难情绪,借助人物表情、行为和清晰的旁白信息,推断人物传递信息。

(2)在"看"后阶段分析主人公职业选择时,学生往往只聚焦在个体这个视角,教师引导学生和主人公比较,思考背后的社会文化差异性。

(五)教学目标

在本课结束时,学生能够:

(1)通过视频呈现的主要事件,了解菲利普开启创业之旅的完整过程;

(2)捕捉人物行为、言语以及表情等细微线索,分析其情绪和内在品质;

(3)立足自身经历,结合多元文化背景,阐述对少年企业家的态度认知。

(六)教学过程

本课时教学全程在英文互动的环境中进行,以下为英文实录的教学过程。

I. Pre-watching

Interactive Task 1: Approach the topic.

T: Ask students about their career aspirations.

Ss: Share career expectations and considerations in decision-making with
   each other.

Purpose: To arouse students' interest and introduce the topic.

Guiding questions:

1. In which field will you see yourself in the next decade?

2. Will you follow the steps of your parents or start your own business? Why?

II. While-watching

Interactive Task 2: Watch for prediction.

T: Play the video first with the sound off, ask students to name the objects they've seen and make predictions about the story.

Ss: Watch the video, list the objects in the video and predict the story.

Purpose: To build visual connections, narrow the language gap and set a purpose for watching.

Guiding questions:

1. What objects did you see in the video?

2. What do you think you will hear later?

Interactive Task 3: Set the context.

T: Play the first part of the video (00:00—00:52). Guide students to create a character profile.

Ss: Watch the video and introduce the character.

T: Ask students to watch again and elicit a brief discussion about the quality of Philip from his body language, expression and speech clues.

Ss: Complete the task about the character profile on the handout and speculate on his quality.

Purpose: To familiarize students with the character in a multi-dimensional form.

Guiding questions:

1. Can you generate a profile of Philip?

2. From his body language, expressions and speeches, what do you think of Philip?

Interactive Task 4: Do a video jigsaw.

> T: Divide students into three groups with a respective video clip to watch (00:53—00:57/00:58—01:06/01:07—01:22). Ask them to retell the story of the clip to the other groups and analyze the character.
>
> Ss: Retell the story, describe Philip's specific preparations and analyze his quality to other groups.
>
> Purpose: To enable students to understand Philip's efforts and qualities.

Guiding questions:

1. What did you see in your video clip?

2. What quality has impressed you most? Why?

Interactive Task 5: Dig deep into the character's emotions.

> T: Play the third part of the video (01:23—02:10) and encourage students to map the emotional swing of Philip by focusing on his words and actions.
>
> Ss: Watch the video. Illustrate Philip's changing emotions with correspondent reasons.
>
> T: Ask students to dig deep into Philip's language about sheepdog training.
>
> Purpose: To help students understand Philip's challenges in starting up a new business and his reactions.

Guiding questions:

1. What emotional changes have you noticed?

2. How do you understand the sentence "It's too friendly. It's too much all over me, so we'll just have to see how it goes"?

Interactive Task 6: Narrate the video.

> T: Ask students to work in pairs, play the video respectively and retell the story in their own words.

> S: One student narrates the story and the other polishes the version.
>
> Purpose: To deepen the understanding of the story and reinforce the use of newly-learned words and expressions.

Guiding instruction:

Play the video respectively in pairs, with Student A retelling the story in his/her own words, Student B taking notes and polishing the version.

III. Post-watching

Interactive Task 7: Connect the text with reality.

> T: Play the last part of the video (02:11—02:38), ask students to evaluate Philip's choice and elicit a discussion about the choices of his counterparts in China.
>
> Ss: Respond with an attitude and supporting details.
>
> Purpose: To initiate critical thinking, connect the text with the real world and understand the cultural differences in career planning.

Guiding questions:

1. Do you think Philip will live the dream?

2. If your friend invites you to take a gap year to start a business, will you join him/her? Why?

IV. Assignments

1. (*Required*) Supplement the character profile made in class through the recommended website information or other possible channels.

You are required to:

● search the Internet for relevant information;

● pick out the character traits that impresses you most.

Websites for reference: https://www.tes.com/magazine/archive/called-baainterviewphilip-mellin; https://www.tes.com/magazine/archive/called-baainterviewphilip-mellin.

information learned in class　　　　　　　　　information acquired online

- Name: _____
- Age: _____
- Location: _____
- Profession: _____
- Daily routines:

　　_____
　　_____

- Big decision:

　　_____
　　_____

_____
_____
_____
_____
_____
_____
_____
_____

2. (*Optional*) Supposing you are in charge of a business whose performance is far from satisfactory. Please create a strategic plan that sets the business back on track.

You may:

- work in groups of four or five;
- present your "case study" to the class with specific business information;
- explain why your marketing techniques work in the given situation.

参考文献

［1］ 白倩,等,2020,重识与重估:皮亚杰发生建构论及其视野中的学习理论[J].华东师范大学学报(教育科学版),38(03):106-116.

［2］ 白倩,沈书生,李艺,2022.审视与启示:发生建构论视野中的知识观探析[J].现代教育技术,32(08):26-33.

［3］ 曹丹平,印兴耀,2016.加拿大 BOPPPS 教学模式及其对高等教育改革的启示[J].实验室研究与探索,35(02):196-200.

［4］ 常珊珊,李家清,2015.课程改革深化背景下的核心素养体系构建[J].课程.教材.教法,35(09):29-35.

［5］ 陈彩虹,2018.英语学科素养之文化品格研究[J].教育理论与实践,38(08):47-49.

［6］ 陈向明,2000.质的研究方法与社会科学研究[M].北京:教育科学出版社.

［7］ 陈玉,2021.高中英语文化意识培养的现状调查[D].西南大学.

［8］ 程晓堂,2022.关于"双减"政策背景下大规模高利害考试命题的思考:以英语学科为例[J].中国考试,(03):1-6.

［9］ 程晓堂,赵思奇,2016.英语学科核心素养的实质内涵[J].课程.教材.教法,36(05):79-86.

［10］ 丁英瑜,2021.小学英语单元整体教学中文化意识的培养[J].中小学外语教学(小学篇),44(07):36-41.

［11］ 董小川,2008.试论本科历史教学中培养学生文化意识问题[J].历史教学问题,(4):70-73.

［12］ 杜珊,2024.OBE 视域下 BOPPPS 教学模式在高中英语阅读教学中的应用研究[D].沈阳师范大学.

［13］ 费如春,2021.小学英语教学中培养学生文化品格的策略[J].中小学外语教学(小学篇),44(08):48-52.

［14］ 高一虹,2000.语言文化差异的认识与超越[M].北京外语教学与研究出版社.

［15］ 龚亚夫,2014.英语教育的价值与基础英语教育的改革[J].外国语(上海外国语大学学报),37(06):18-19.

［16］ 顾泠沅,杨玉东,2003.教师专业发展的校本行动研究[J].教育发展研究,(06):1-7.

［17］ 顾明远,2024.加强教师队伍建设为教育强国建设提供人才支撑[J].教育研究,45(09):4-8.

［18］ 郭宝仙,2022.以学习者为中心的英语教材:特征、表现与启示[J].课程.教材.教法,42(09):136-144.

［19］ 郭湛,1998.大文化观念:一种理解和行为的依据[J].世纪论评,(01):11-14.

［20］ 核心素养研究课题组,2016.中国学生发展核心素养[J].中国教育学刊,(10):1-3.

[21] 胡文仲,2013.跨文化交际能力在外语教学中如何定位[J].外语界,(06):2-8.

[22] 霍尔,2010.无声的语言[M].何道宽,译.北京:北京大学出版社.

[23] 康淑敏,2010.外语教育中的文化意识培养[J].教育研究,31(08):85-89.

[24] 孔德亮,栾述文,2012.大学英语跨文化教学的模式构建:研究现状与理论思考[J].外语界,(02):17-26.

[25] 李栋梅,2024.多元智能理论指导下数字资源在高校英语教学中的应用策略研究[J].河北旅游职业学院学报,29(03):104-108.

[26] 李建永.文化在哪里?在历史中典籍里,在传承中发展里[EB/OL].(2013-3-12)[2024-11-10].http://culture.people.com.cn/n/2013/0312/c87423-20757607.html.

[27] 李松林,杨静,2011.基于学科思想方法的整合性教学研究[J].中国教育学刊,(01):43-46.

[28] 李战子,刘博怡,2021.后疫情时代的跨文化交流课程建设[J].外语教育研究前沿,4(04):64-69.

[29] 郦丽娟,2016.初中英语教学中学生文化意识培养的调查研究[D].苏州大学.

[30] 刘彬,2018.文化意识维度下的小学英语课堂教学[J].中小学外语教学(小学篇),41(12):29-34.

[31] 刘利民,2016.跨文化交际的哲学理解与外语教学中的文化传授[J].语言教育,4(01):2-7.

[32] 鲁子问,陈晓云,2019.高中英语文化意识教育实践路径[M].北京:外语教学与研究出版社.

[33] 苗丽霞,2007.近20年我国英语文化教学研究述评[J].中国外语,(06):101-104.

[34] 潘洞庭,2007.文化意识与外语教学[J].外语学刊,(06):141-143.

[35] 彭南生,2022.工业文化研究的几个基本问题[J].华中师范大学学报(人文社会科学版),61(06):38-48.

[36] 彭仁忠,付容容,吴卫平,2020.新时代背景下跨文化外语教学理论模型和实践模型研究[J].外语界,(04):45-53.

[37] 戚桢豪,贾卉,2023.跨文化交际视角下高中英语教材的文化内容分析:基于牛津版和上教版教材的对比[J].教师教育论坛,36(04):45-48.

[38] 申罡.深入学习领会习近平总书记关于文化建设的新思想新观点新论断[EB/OL].(2023-8-18)[2024-11-12].http://www.npc.gov.cn/npc/c2/c30834/202308/t20230818_431034.html.

[39] 生安锋.文化共同体与世界文学研究[EB/OL].(2013-4-3)[2024-11-8].https://www.tsinghua.edu.cn/info/1662/102541.htm.

[40] 盛群力,丁旭,滕梅芳,2017.参与就是能力:"ICAP学习方式分类学"研究述要与价值分析[J].开放教育研究,(2):46-54.

[41] 施惠珊,2010.在中学英语教学中进行文化意识培养[J].教学与管理,(34):62-63.

[42] 孙艺风,2012.翻译与跨文化交际策略[J].中国翻译,33(01):16-23.

[43] 谭文厚,2018.高中英语教学中文化意识核心素养的养成策略[J].课程教育研究,(25):125-126.

[44] 王蔷,周密,孙万磊,2022.重构英语课程内容观,探析内容深层结构:《义务教育英语课

程标准(2022 年版)》课程内容解读[J]. 课程. 教材. 教法,42(08):39 - 46.

[45] 王文静,2001. 社会建构主义研究[J]. 全球教育展望,(10):15 - 19.

[46] 王晓丽,张振卿,2022. 国家形象视域下讲好中国故事的双重价值意蕴[J]. 青海社会科学,(01):187 - 193.

[47] 王一惠,2019. 从文本到文化:小学生英语学习中的文化意识培养研究[D]. 华中师范大学.

[48] 温彭年,贾国英,2002. 建构主义理论与教学改革:建构主义学习理论综述[J]. 教育理论与实践,(05):17 - 22.

[49] 吴晓明,2021. 论不同的文明类型及其哲学定向[J]. 天津社会科学,(05):4 - 19.

[50] 武和平,2015. 作为核心素养的文化意识培养及文化教学[J]. 英语学习,(12):12 - 14.

[51] 习近平. 深入实施新时代人才强国战略加快建设世界重要人才中心和创新高地[EB/OL]. (2021 - 09 - 28)[2024 - 11 - 14]. https://www. gov. cn/xinwen/2021-09/28/content_563986. htm.

[52] 姚秀丽,2022. 小学英语教学中文化意识培养现状及对策研究[D]. 沈阳师范大学.

[53] 张安德,张翔,2002. 论外语教学的文化意识培养与文化导入[J]. 外语与外语教学,(06):25 - 27.

[54] 张红玲,2007. 跨文化外语教学[M]. 上海:上海外语教育出版社.

[55] 张红玲,吴诗沁,2022. 外语教育中的跨文化能力教学参考框架研制[J]. 外语界,(05):2 - 11.

[56] 张华,2016. 论核心素养的内涵[J]. 全球教育展望. (45):10 - 24.

[57] 张丽莉,2011. 皮亚杰建构主义理论在我国幼儿园课程中运用的可行性研究[D]. 上海:华东师范大学.

[58] 张丽丽,陈葵阳,2009. 新课改背景下的职教英语课程评价研究[J]. 安徽科技学院学报,23(05):54 - 59.

[59] 张娜,2015. 联合国教科文组织的核心素养研究及其启示[J]. 教育导刊,(07):93 - 96.

[60] 张馨元,张民选,2024. 积极学习:季清华的 ICAP 学习框架[J]. 全球教育展望,53(09):30 - 50.

[61] 郑钰,2024. 文化自信视域下大学英语教学中文化意识培养研究[D]. 吉林大学.

[62] 中共中央党校科学社会主义教研室,1982. 文明和文化:国外百科辞书条目选译[M]. 北京:求实出版社.

[63] 中华人民共和国教育部,2003. 普通高中英语课程标准(实验)[S]. 北京:人民教育出版社,23.

[64] 中华人民共和国教育部,2017. 普通高中课程方案和英语等学科课程标准[S]. 北京:人民教育出版社,32.

[65] 中华人民共和国教育部,2020. 普通高中英语课程标准(2017 年版 2020 年修订)[S]. 北京:人民教育出版社,4.

[66] 中华人民共和国教育部.《关于全面深化课程改革 落实立德树人根本任务的意见》[EB/OL]. (2014 - 4 - 08)[2024 - 11 - 24]. http://www. moe. gov. cn/srcsite/A26/jcj_kcjcgh/201404/t20140408_1672html? Pphlnglnohdbaiek.

[67] 中华人民共和国教育部. 国家中长期教育改革和发展规划纲要(2010—2020 年)[EB/

OL]. (2010 − 07 − 29)[2024 − 11 − 16]. http://www. moe. gov. cn/srcsite/A01/s7048/201007/t20100729_171904. html.

[68] 周萍洁,2021.英语学科核心素养背景下高中生文化意识培养现状调查研究[D].江苏大学.

[69] 朱喆,操奇,2014.马克思主义哲学中的文化发展概念[J].哲学研究,(02):24 − 29.

[70] ANTHONY J L, 2004. Intercultural language teaching: principles for practice [J]. New Zealand Language Teacher, 3(30):17 − 24.

[71] BROOKS N, 1968. Teaching culture in the foreign language classroom [J]. Foreign language annals, 1(3):204 − 217.

[72] BYRAM M, 1998. Foreign language education and cultural studies [J]. Language, Culture and Curriculum, (1):15 − 31.

[73] BYRAM M, 2021. Teaching and Assessing Intercultural Communicative Competence: Revisited [M]. Bristol, Blue Ridge Summit: Multilingual Matters.

[74] BYRAM M, ZARATE G. 1994. Définitions, objectifs et évaluation de la compétence socio-culturelle [M]. Strasbourg: Report for the Council of Europe.

[75] CHOUDHURY M H, 2013. Teaching culture in EFL: implications, challenges and strategies [J]. IOSR Journal of Humanities and Social Science, 13(1):20 − 24.

[76] CREESE A, BLACKLEDGE A, 2010. Translanguaging in the Bilingual Classroom: A Pedagogy for Learning and Teaching. The Modern Language Journal, 94(1):103 − 115.

[77] DEMA O, MOELLER A K, 2012. Teaching culture in the 21st century language classroom [J]. Touch the World: Selected Papers from the 2012 Central States Conference on the Teaching of Foreign Languages, 75 − 91.

[78] DORIS M B, GUNILLA B, 2014. Student exchange for nursing students: Does it raise cultural awareness? A descriptive, qualitative study [J]. Nurse Education in Practice, 14(3):259 − 264.

[79] DURKHEIM É, 1912. The Elementary Forms of Religious Life [M]. London: Allen & Unwin.

[80] FANTINI A E, 1997. New Ways in Teaching Culture [M]. New York: Teachers of English to Speakers of Other Language.

[81] FRANK J, 2013. Raising cultural awareness in the English language classroom [C]. Washington: English teaching forum, 51(4):2.

[82] GARCÍA O, WEI L, 2014. Translanguaging: Language, Bilingualism, and Education [M]. Basingstoke: Palgrave Macmillan.

[83] GORT M, SEMBIANTE S F, 2015. Navigating Hybridized Language Learning Spaces through Translanguaging Pedagogy: Dual Language Preschool Teachers' Languaging Practices in Support of Emergent Bilingual Children's Performance of Academic Discourse. International Multilingual Research Journal, 9(1):7 − 25.

[84] HABERMAS J, 1984. The theory of communicative action [M]. Boston: Beacon Press. http://www. moe. gov. cn/srcsite/A26/jcj_kcjcgh/201404/t20140408_1672html? Pphlnglnohdbaiek.

［85］ JUNJIE G W, LINDSAY M, 2021. Raising native cultural awareness through WeChat: a case study with Chinese EFL students ［J］. Computer Assisted Language Learning, 34(4):552 – 582.

［86］ KASPER G, 1998. Interlanguage pragmatics. In H. Byrnes (Ed.), Perspectives on research and scholarship in second language learning ［M］. New York: Modern Language Association.

［87］ KIM Y Y, 2001. Becoming intercultural: an integrative theory of communication and cross-cultural adaptation ［M］. Thousand Oaks: Sage Publications.

［88］ KNOWLES M, KRAMSCH C, 1993. Context and Culture in Language Teaching ［J］. Modern Language Journal, 79(4):56 – 59.

［89］ KRAMSCH C, 1999. Language learning in intercultural perspective: approaches through drama and ethnography ［M］ Cambridge: Cambridge University Press.

［90］ KRASHEN S, 1989. We acquire vocabulary and spelling by reading: Additional evidence for the input hypothesis ［J］. The modern language journal, 73(4):440 – 464.

［91］ KWON T H, 2020. The effects of the use of literature in intercultural language teaching and learning on Thai students' critical reading skills and cultural awareness ［J］. Payap University Journal, 30(1):16 – 25.

［92］ LEWIS G, JONES B, BAKER C, 2012. Translanguaging: origins and development from school to street and beyond ［J］. Educational Research and Evaluation: An International Journal on Theory and Practice, 18(7):641 – 654.

［93］ LUCIAN F, 2016. The Implications of Cultural Awareness in Military Environment ［J］. International conference knowledge-based organization, 22(1):31 – 34.

［94］ LUO Z, 2024. A Review of Krashen's Input Theory. Journal of Education, Humanities and Social Sciences ［J］,26(5):130 – 135.

［95］ MINAKOVA V, CANAGARAJAH S, 2023. Monolingual ideologies versus spatial repertoires: language beliefs and writing practices of an international STEM scholar ［J］. International Journal of Bilingual Education and Bilingualism, 26(6):708 – 721.

［96］ OTEGUY R, GARCÍA O, REID W , 2015. Clarifying translanguaging and deconstructing named languages: A perspective from linguistics ［J］. Applied Linguistics Review, 6(3):281 – 307.

［97］ PAIGE R M, 1993. Education for the Intercultural Experience. ［M］. Yarmouth, ME: Intercultural Press.

［98］ QUAPPE S, CANTATORE G, 2005. What is cultural awareness anyway? How do I build it? ［J］. Retrieved July, 17:2008.

［99］ ROBERT G H, 1990. Cross cultural awareness ［M］. Changsha: Human Education Press.

［100］ SCHUMANN J H, 1978. The pidginization process: a model for second language acquisition ［M］. Newbury House Publishers.

［101］ SEELYE H, 1988. Teaching culture strategies for foreign language educators ［M］.

Skokie, IL: National Textbook Company.

[102] SHAULES J. Language, culture, and the embodied mind: a developmental model of linguaculture learning（1st ed.）［EB/OL］. https://doi. org/10. 1007/978-981-15-0587-4.［2024－11－20］

[103] SIMONA S, LAVINIA S, 2015. Raising Cultural Awareness in Interpreting Students ［J］. Procedia-Social and Behavioral Sciences, 1242－1245.

[104] THIBAULT R T, et al, 2017. The psychology of neurofeedback: Clinical intervention even if applied placebo ［J］. American Psychologist, 72(7):679－688.

[105] TOMALIN B, STEMPLESKI S, 1993. Cultural awareness ［M］. Oxford University Press.

[106] TYLOR E B, 1871. Primitive culture: researches into the development of mythology, philosophy, religion, language, art, and custom ［M］. London: John Murray.

[107] WIDDOWSON H G, 1978. Teaching language as communication ［M］. Oxford University Press.

　　基于学生的"学"和教师的"教"的整体视角,本书所提到的相关理论为文化意识的培养提供了坚实的理论支持,特别是输入假说理论、建构主义学习理论以及语言文化发展模型等。一方面,根据学生认知发展与学生学习相关的理论可知,对于高中生文化意识的培养应该充分遵循学生认知发展的规律,从学生主体性出发,促进学生的有意义学习。本书认为在高中英语课堂中对于学生文化意识的培养应该按照学生认知发展的规律,通过文化激活、多元文化的"i+1"输入、跨文化内化以及跨文化输出四个环节来实现学生文化意识的培养。另一方面,教师在文化教学的过程中,作为学生学习的指导者与促进者,整体的课堂教学设计应该以学生认知发展规律为基础,开展层层递进的教学环节设计。具体而言,笔者将高中英语教师培养学生文化意识的实施路径总结为注意、比较、反思、互动和评价五个环节,在这一过程中首先激活学生的文化背景知识,引起学生的注意;接着引导学生对不同的语言环境和社会文化环境进行对比,进而引发学生的反思,促进学生反思自身的语言与目的语文化的多样性与差异性,对语言与文化信息进行内化,形成个人独特的见解;最后在互动的过程中实现跨文化的输出,准确传达个人的意义并对他人的交流互动进行有效反馈,成为具备良好跨文化交际能力的人;评价环节贯穿在其他四个环节的始终,以教师评价、生生评价和学生自评的方式进行,促进学生反思、完善与提升。

　　通过将上述理论模型与文化意识教学实践相结合,本书展开了英语案例教学的行动研究,并形成了一系列基于文化意识培养的教学成果。从外语教学实践视角来看,文化意识的培养有助于学生更深入地理解和掌握英语语言的使用背景,使其不仅仅停留在语言形式的学习上,而是关注语言背后的文化内涵。通过这样的学习方式,学生能够提升语言运用能力,使其在跨文化交流中能够更加自如地表达自己,真正做到在全球化背景下形成宽广的文化视野和跨文化交际能力。前文中的多个教学案例证明,通过将文化意识融入现有英语教学模式中,学生能够更好地理解语言背后的文化背景,进而实现语言与文化学习的相互融合。在英语教学实践中,教师在设计课程时将文化意识的培养融入具体的教学活动,学生能够在真实的情境中感受到不同文化的魅力,并通过对比与反思,提升对文化的理解和欣赏能力。

展望未来,在全球化的大潮中,英语教学正站在一个新的起点上,面临着前所未有的机遇与挑战。未来英语教学的发展,需要教师从多个维度进行深入思考和规划,以培养出适应全球化时代的人才。首先,英语教育的国际化趋势要求教师不仅要注重语言技能的培养,更要强调国际视野和跨文化交际能力的培育。这意味着未来的英语教学将更加强调与国际教育的接轨,引进国际课程、开展国际合作项目等,以培养学生的全球胜任力。教学内容和方法的创新也变得尤为重要,需要与时俱进,不仅需要加强语言技能训练,还要注重文化差异的认知和国际视野的培养。教学方法上将更加注重学生的主动参与和实践,通过项目式学习、任务型教学等方法,提高学生的跨文化交际能力。

评价体系的完善也是未来英语教学的关键。教师应着力建立注重学生综合素质培养的多元评价体系,全面覆盖听、说、读、写、译各项语言技能,同时考查学习态度、跨文化意识、批判性思维等关键能力。评价方式也应更加灵活,采取过程性评价与终结性评价相结合,教师评价、学生自评与互评相贯通的多元评价方式。教师角色的转变也是未来英语教学的一个重要方面。随着技术的发展,教师的角色将从知识的传授者转变为学生学习的引导者和促进者。教师需要接受技术培训,提高自身在多语言环境下的教学能力,利用技术赋能提高教学质量。同时,未来的英语教学将更多地利用先进技术手段,如在线学习平台、虚拟现实等,以提高学习的灵活性和便捷性,同时也为教师提供更多的教学资源和工具。跨文化交际能力的培养在未来英语教学中将占据更加重要的位置。教育者需要通过具体的教学活动,如跨文化项目培训、国际交流项目等,提升学生的跨文化交际能力,使其能够在全球化的背景下自如地进行跨文化交流。最后,学校应营造良好的校园文化氛围,通过举办文化节、读书活动等,拓宽教师培训渠道,促进教师文化素养的提升。这有助于教师接触到更广泛的文化背景和教学方法,提升他们的文化素养和文化教学能力。

总而言之,未来的英语教学将更加注重文化意识的培养,通过创新教学内容和方法、完善评价体系、强化教师培训、融合技术手段等措施,培养具有国际视野和跨文化交际能力的人才,以适应全球化时代的需求。期待这些变革能够激发更多的教育实践者去探索和实施文化意识的培养策略,共同推动英语教育的发展,帮助学生成为具有国际视野和跨文化交际能力的全球公民。